BDSM-
Beziehungstraining

Der Leitfaden für Devote für herausragenden BDSM-Sex, durch Kommunikation und gesunde Grenzen

Von

More Sex More Fun Book Club

INHALT

EINFÜHRUNG

Wenn BDSM im Gespräch ist, haben die Leute oft die falsche Vorstellung, dass es pervers ist oder zumindest außerhalb dessen liegt, was im Bereich der sexuellen Beziehungen von Erwachsenen als normal angesehen wird. Tatsächlich ist ein Begriff dafür "Kink". Menschen, die Sub/Dom praktizieren, werden oft als pervers dargestellt, was dazu führen kann, dass Menschen, die diesen Lebensstil ausprobieren wollen, mehr zögern, als sie sollten. Der Wunsch, in deiner Beziehung der/die Unterwürfige zu sein, ist eine ganz natürliche Neigung. Dieses Buch räumt mit diesen falschen Vorstellungen auf und ersetzt sie durch eine fundiertere Sichtweise, die dich zu einer spannenden sexuellen Beziehung führt, von der du bisher vielleicht nur geträumt hast.

Viele Menschen stellen sich vor, dass es bei Sub/Dom-Beziehungen darum geht, dass eine Person des Duos Handlungen unterworfen wird, die sie nicht wünscht oder begrüßt. Die andere, dominantere Partei hat das alleinige Sagen und entscheidet, was emotional, körperlich und sexuell passieren soll. Oft wird davon ausgegangen, dass der/die Unterwürfige in der Beziehung keine Macht hat, aber wie wir feststellen werden, kann es befreiend sein, sich einem anderen völlig hinzugeben und eine Beziehung in bisher unerforschte oder unerreichte Tiefen zu führen. Das geschieht auch unter dem Gesichtspunkt der Stärke, denn du musst dir sehr sicher sein, wer du bist, um deine Macht an einen anderen abgeben zu können.

Sub/Dom-Beziehungen machen es möglich, dass sich zwei Menschen auf einer sehr tiefen Ebene verbinden. Wenn eine Person ihre Macht an eine andere abgibt, erfordert das in allen möglichen Bereichen der menschlichen Interaktion ein so umfassendes und anspruchsvolles Engagement und Vertrauen, dass es für manche überwältigend sein kann. Wenn du dich an diesem Punkt befindest, hast du eine gute Wahl getroffen, indem du in das Wissen dieses Buches investiert hast. Es wird Teile deines sexuellen Bewusstseins wecken und den Genuss steigern, den du dir vielleicht bisher versagt hast, weil du das Gefühl hattest, dein Partner würde ihn nicht begrüßen.

Wir alle haben unzählige Facetten und das betrifft das ganze Spektrum unserer Sexualität. Vielleicht wird uns nie bewusst, woher unsere Fantasien kommen. Wir müssen vielleicht mit uns selbst kämpfen, um Hemmungen zu überwinden, die von Eltern, Lehrern, und der Gesellschaft im Allgemeinen sorgfältig in unsere Psyche eingepflanzt worden sind. Aber kann es jemals richtig sein, uns selbst Vergnügen zu verweigern, sei es sexuell oder anderweitig, weil jemand sein Bestes gibt, uns mit einer ungebildeten und falsch informierten Meinung zu beeinflussen? Wenn es niemandem schadet und unser Leben bereichert, wo kann dann der Schaden liegen?

Wenn du niemandem weh tust, warum lassen sich dann so viele von uns dazu verleiten, sich ein harmloses

Vergnügen zu versagen, das eigentlich allgemein akzeptabel sein sollte? Es wurde zum Beispiel in mehreren Umfragen bewiesen, dass Menschen beim Sex oft davon träumen, unterschiedlich viel Macht zu haben, d.h. manche wollen lieber dominant sein und andere unterwürfig. Viele von uns sind jedoch leider darauf konditioniert worden, zu glauben, dass dies ein Tabu ist und niemals praktiziert werden sollte. Unsere sexuellen Gedanken werden unbewusst so geformt, dass sie dem entsprechen, was die Gesellschaft im Allgemeinen als normal vorgibt. So verpassen wir eine fantastisch aufregende und sehr lohnende sexuelle Erfahrung, die das körperliche Vergnügen steigern und die emotionale Bindung stärken kann. Während wir uns leicht einreden können, dass es völlig in Ordnung ist, unsere feministischen Prinzipien durchzusetzen, verweigern wir uns selbst das, wonach wir uns auf sexueller Ebene wirklich sehnen, und leben weiterhin in einer Vanilla-Sex-Welt von Frauen. Echte Befreiung bedeutet, das zu verleugnen, was dich glücklicher machen kann, weil du die falsche Vorstellung hast, dass es das ist, was von der modernen Feministin verlangt wird.

Vielleicht liest du dieses Buch, weil du bereits weißt, dass du dich zu einer Sub/Dom-Beziehung hingezogen fühlst. Allein der Gedanke daran ist unglaublich erregend, aber du hast keine Ahnung, wo du anfangen sollst oder wie du eine Beziehung in dieser Richtung führen kannst. Oder du bist ein Dom und hast bereits eine solche Beziehung geführt, möchtest aber wissen, wie du den Partner, der noch nie eine solche Beziehung erlebt hat, zur Unterwürfigkeit erziehst. Dieses Buch wird sie sicher erziehen und aufklären. Umgekehrt kann es auch darum gehen, dich selbst dazu zu erziehen, das zu sein, was dein Partner sich von einem Partner wünscht. Du tust das, weil es von größter Bedeutung ist, dass du die Wünsche deines Partners erfüllst, egal ob sie sexueller Natur sind oder nicht. Du willst deinen Partner glücklich machen und willst dich mit dem Wissen ausstatten, das dir das ermöglicht.

Das Wichtigste ist, dass du dich daran erinnerst: Wenn es sich gut anfühlt und niemandem wehtut (abgesehen von dem offensichtlich gewünschten und vereinbarten Maß an Schmerz natürlich), dann tu es. Je mehr Informationen du über diese Vorliebe sammeln kannst, desto besser. Wissen ist Macht und das mächtigste Werkzeug, das dir zur Verfügung steht, um dich und andere davon zu überzeugen, dass Sub/Dom-Beziehungen ein natürlicher, lebensverbessernder Weg zur Erfüllung und zum Vergnügen sind.

Auf dem Weg dorthin werden wir entdecken, dass es grenzenlose Möglichkeiten gibt, eine total berauschende sexuelle Beziehung zu genießen. Du wirst vielleicht überrascht sein, wenn du einige der Informationen findest und feststellst, dass du selbst falsche Vorstellungen hattest. Wenn du herausfindest, dass du diese aus einer Zeit mit dir herumgetragen hast, an die du dich nicht erinnern kannst, wirst du dich auf eine Reise begeben, die du vielleicht nicht für möglich gehalten hättest. Wenn du selbstbewusster wirst, wirst du feststellen, dass deine Hemmungen fallen und du dich selbst auf eine Weise kennenlernst, die du nie für möglich gehalten hättest. Du wirst Wege entdecken, um deine sexuellen Neigungen zu befriedigen, die Körper, Geist und Seele wie nie zuvor miteinander verbinden. Du wirst lernen, deine sexuellen Neigungen viel gründlicher zu erfüllen, als du es dir bisher zugetraut hast. Deine Partner werden über dein neues Wissen staunen und du wirst wissen, wie du ihnen das sexuelle Erlebnis ihres Lebens bescheren kannst.

Die eine Hälfte einer Sub/Dom-Partnerschaft zu sein, ist genau das. Beide Partner vereinbaren vorher, wie sich ihre sexuelle Partnerschaft entwickeln soll und niemand wird gezwungen, etwas zu tun, was sich für ihn falsch anfühlt oder was er nicht will. Stattdessen vertraust du deinem Partner, möglicherweise mit deinem Leben und deinem Körper, und die Erkundungen, die ihr gemeinsam macht, werden eure Empfindsamkeiten ins Unermessliche steigern.

Wir sollten hier hinzufügen, dass eine Sub/Dom-Beziehung nicht nur Sex beinhaltet, sondern das gesamte Spektrum menschlicher Interaktion abdecken kann. Sie kann zum Beispiel die finanzielle Unterwerfung beinhalten, bei der eine Person allein für die finanziellen Entscheidungen und die Verwaltung verantwortlich ist. Es kann sich um einen Bereich des gemeinsamen Lebens handeln oder alle Aspekte einer Partnerschaft umfassen.

Mach dich bereit für eine magische Reise. Auf dem Weg dorthin wirst du viele Abzweigungen finden. Du und dein Partner müsst gemeinsam entscheiden, ob ihr alle oder nur einige von ihnen bereisen wollt. Zweifellos wird das auch eure Ideen als Paar beflügeln. Nicht jeder wird jeden Aspekt von Sub/Dom genießen, aber es wird sicher Spaß machen, herauszufinden, welche davon zu euch passen.

KAPITEL EINS

Unsere Sexualität heute

Sexualität ist überall präsent: zu Hause bei unseren Eltern, bei unseren Freunden, wenn wir aufwachsen, im Fernsehen, im Radio und sogar am Arbeitsplatz. Tatsächlich ist die Sexualität eine der wichtigsten Säulen unserer heutigen Gesellschaft. Jeder denkt mindestens einmal am Tag an Sex und das hat nichts damit zu tun, wie unsere Ansichten über Sex sind.

Die längste Zeit galt Sex als Tabu, was dazu führte, dass Eltern ihren Kindern Analogien zum Sex aufstellten, wie die Vögel und die Bienen.

Das Wort Geschlecht bezieht sich auf das Geschlecht einer Person, z. B. ob sie männlich oder weiblich ist. Eine andere Definition ist die biologische Sichtweise, z. B. dass sich das Wort Sex auf einen Akt bezieht, bei dem sich zwei Menschen paaren, um sich zu vermehren.

Im Grunde genommen ist Sex die biologische und kulturelle Grundlage der menschlichen Gesellschaft. Die Art und Weise, wie eine Kultur Sex aufgrund ihrer Religion betrachtet, wird sich von der Art und Weise unterscheiden, wie eine andere Kultur Sex betrachtet und praktiziert. Nicht jede Kultur wird Sex und Sexualität auf die gleiche Weise angehen.

Nimm zum Beispiel die Unterordnung. In manchen Kulturen wird von den Frauen erwartet, dass sie ihren Ehemännern völlig unterwürfig sind, weil das in ihrer Kultur schon immer so war und es funktioniert hat. Außerdem ist in diesen Kulturen der Mann in der Regel derjenige, der Geld verdient, für Essen auf dem Tisch sorgt und seiner Familie ein Dach über dem Kopf bietet, während seine Frau zu Hause die anfallenden Hausarbeiten erledigt.

Aber in den Vereinigten Staaten gilt die Unterwerfung als Tabu. Manche Frauen sind der Meinung, dass dies einen Rückschritt in der Entwicklung bedeutet, die Frauen gemacht haben, um dorthin zu gelangen, wo sie heute sind. Diese Frauen sind typischerweise diejenigen, die glauben, dass eine Frau alles tun kann, was ein Mann tun kann, außer in Stöckelschuhen laufen.

Nun, Unterwerfung ist keine Krankheit, an der jemand leidet. Eine Frau oder ein Mann wird sich dafür entscheiden, weil es ihnen geistig hilft oder weil es etwas ist, das sie in ihrem sexuellen oder sogar alltäglichen Leben genießen.

Wir sollten nicht auf diejenigen herabsehen, die Unterwerfung praktizieren, denn das ist nicht anders als bei denjenigen, die beim Sex Rollenspiele machen. Unterwerfung ist ein Rollenspiel! Der einzige Unterschied ist, dass es manchmal über das Schlafzimmer hinausgeht und sich in den Alltag eines Menschen verstrickt.

KAPITEL ZWEI

Unterwürfige Denkweise

Nicht jeder wird damit einverstanden sein, wie Unterwürfige trainiert werden. Aber es ist eine Sache zwischen der unterwürfigen Person und ihrem Dominanten, wie sie die unterwürfige Person richtig ausbilden wollen, damit sie in der Lage ist, das zu tun, was nötig ist, um den Dominanten glücklich zu machen.

Menschliche Psychologie

Ein Teil der menschlichen Psychologie wird geformt, wenn du daran arbeitest, einen unterwürfigen Menschen zu erziehen. Die Menschen, mit denen du jeden Tag zu tun hast, werden trainiert, auch wenn wir das nicht absichtlich tun, damit Entscheidungen so getroffen werden, dass das Ergebnis dem entspricht, was wir wollen. Das ist es, was das Unterwerfungstraining bewirken wird, denn als Dominante/r verbringt man Zeit mit seiner/ihrer Untergebenen.

Wenn du ein Unterwerfungstraining durchläufst, wirst du dein Verhalten so ändern, dass es den Wünschen der dominanten Person entspricht, und das, was sie nicht will, loswerden oder entmutigen. Mit etwas Geduld kann das Verhalten einer Person so verändert werden, dass sie jemand ist, den der Dominante rund um die Uhr um sich haben möchte. Es ist jedoch wichtig, dass beide Parteien mit dem, was passiert, einverstanden sind! Das ist beim Unterwerfungstraining unerlässlich, denn es ist der ultimative Machttausch, weil der Dominante in den Kopf des Untergebenen eindringt und ihn so formt, wie er es will.

Heutzutage ist die Ausbildung nicht mehr so schlimm wie früher. Früher wurden die unterwürfigen Personen geschlagen, um ihnen das Verhalten auszutreiben, das sie nicht wollen. Heute geschieht das auf subtilere Weise, zum Beispiel durch einen Seufzer oder einen Gesichtsausdruck. Das passiert nicht nur in einer dominant-unterwürfigen Beziehung, sondern auch in Vanilla-Beziehungen.

Knicktherapie

Für Dominante und Unterwürfige gleichermaßen kann der Machttausch unglaublich therapeutisch sein. Für die Unterwürfigen liegt es daran, dass sie sich keine Gedanken über ihre Alltagsprobleme machen müssen. Sie können sich an einen anderen Ort begeben und jemand sein, der sie in ihrem Alltag nicht sind.

Drei Ziele für eine unterwürfige Person

Als Unterwürfige/r gibt es drei Ziele, die du mit der Ausbildung zu einer guten Unterwürfigen/einem guten Unterwürfigen erreichen willst.

1. Verhaltensentwicklung: Als Unterwürfige/r willst du alle Verhaltensweisen loswerden, die deinem/r Dominanten nicht gefallen. Je schneller du das tust, desto besser wird eure Beziehung sein. Es wird schwer sein, Verhaltensweisen zu ändern, die du die meiste Zeit deines Lebens gezeigt hast, aber es ist machbar.

Bei der Ausbildung musst du darauf achten, dass du von einer Person ausgebildet wirst, die die Fähigkeiten beherrscht, die dein Dominanter wünscht. Es gibt Schulen, die in der Lage sind, einen Unterwürfigen auszubilden und ihm alle Techniken beizubringen, die ein Dominanter wünscht. Einige dieser Qualitäten sind:

- Zwischenmenschliche Fähigkeiten

- Führung eines Haushalts

- Event-Koordination

- Persönliche Anwesenheit

- Organisation und Kommunikation für Unternehmen

- Sexueller Dienst

Die persönlichen Vorlieben des Dominanten

Du wirst dich auf die persönlichen Bedürfnisse und Vorlieben deines Dominanten einstellen wollen. Nicht jeder Dominante ist gleich, genauso wie nicht jeder Unterwürfige gleich ist. Anstatt sie nur in eine Schule zu schicken, um die grundlegendsten unterwürfigen Fähigkeiten zu erlernen, geht ein Dominanter vielleicht noch einen Schritt weiter und schickt seine/n Unterwürfige/n in einen Yogakurs, um die Flexibilität und mehr zu verbessern.

Einige andere Dinge, die ein dominanter Partner von seinem unterwürfigen Partner wissen möchte, sind:

- Lebensmittelzubereitung

- spezifische Regeln für spezifische Situationen und die Konsequenzen bei Verstößen gegen diese Regeln

- Zeitpläne für Arbeit und Privatleben

- Fetische, die von der dominanten Person bevorzugt werden

- und wie man sie richtig massiert, ohne ihre dominanten Körperteile zu verletzen.

Persönliche Ziele

Auch als Unterwürfige/r willst du nie aufhören, dich weiterzuentwickeln. Du solltest dir Ziele setzen, die dir helfen, zu wachsen und ein besserer Mensch und Unterwürfiger zu werden. Wenn du zum Beispiel mit deinem Aussehen unzufrieden bist, kannst du eine Diät machen, um sicherzustellen, dass du so aussiehst, wie du es möchtest. Oder du kannst mit deinem Dominanten darüber sprechen, dass er dir Zeit und Raum für ein

Hobby gibt, das dich in der Mitte hält, damit du nicht ausrastest.

Die Rolle des Unterwürfigen

Jeder Mensch hat einen anderen Wunsch, sich zu unterwerfen. Es gibt vier verschiedene Gründe, warum eine Person unterwürfig werden kann.

- Selbstlosigkeit: Sie wollen jemand anderem eine Freude machen und wollen nicht unbedingt eine Gegenleistung.

- Aktiver Dienst: Ein unterwürfiger Mensch, der sich am aktiven Dienst beteiligt, bedeutet, dass er Dinge für andere tut, wie zum Beispiel kochen oder einen Zeitplan verwalten, wenn das von ihm verlangt wird.

- Unabhängigkeit: Eine unterwürfige Person zu sein, bietet ein Stück Freiheit, weil du nicht unbedingt alles alleine erledigen musst. Es gibt jemanden, der dich unterstützt und dafür sorgt, dass die Dinge erledigt werden. Inwieweit sie dich dabei unterstützen, ist Sache des Dominanten und des Unterwürfigen.

- Passiver Dienst: Wenn etwas einer anderen Person Freude bereitet und das miteinbezogen wird, dann wird die unterwürfige Person es tun. Wenn also das Auspeitschen der unterwürfigen Person ihrem Dominanten Freude bereitet, dann wird sie es zulassen.

Bevor du herausfinden kannst, was für eine Art von Unterwürfigkeit du bist, musst du sicherstellen, dass ihr in einer dominant-unterwürfigen Beziehung zueinander passt und dass eure Beziehung eine kraftvolle und gesunde Beziehung sein wird, die in eine positive Richtung geht. Es hängt auch davon ab, wie viel Training du brauchst, um sicherzustellen, dass du das tust, was dein Dominanter wünscht.

Natürlich sollte man die Entscheidung für einen devoten Lebensstil nicht auf die leichte Schulter nehmen, aber man sollte dem Thema Zeit geben, sich zu entwickeln und zu gären, und jedes Mitglied der Partnerschaft sollte bereit sein, darüber zu sprechen, was eine Sub/Dom-Beziehung für sie bedeutet. Wenn sie sich uneinig sind, kann das die Beziehung nicht verbessern, sondern sie eher beeinträchtigen. Wenn du dich bereit erklärst, die Rolle des Unterwürfigen für den Dominanten, deinen Partner, zu übernehmen, musst du sicherstellen, dass ihr beide die richtige Einstellung habt. Wenn dir der Gedanke gefällt, der Unterwürfige zu sein, du aber vor den Vorschlägen deines Partners zurückschreckst, dann musst du daran arbeiten, die richtige Einstellung zu entwickeln. Das kann einige Zeit dauern, kann aber immer erreicht werden, wenn du bereit bist, an der richtigen Einstellung zu arbeiten.

Wenn dein Partner zum Beispiel möchte, dass du ihm die dominante Rolle in allen Bereichen überlässt, ihr aber daran gewöhnt seid, gemeinsam Entscheidungen zu treffen, musst du bereit sein, deinen Besitz der Kontrolle aufzugeben und sie deinem Partner zu überlassen. Das Training kann durch das traditionelle Spanking erfolgen, das für beide Parteien angenehm sein kann. Um es nicht zu sehr auf die Spitze zu treiben, könnte man es mit dem Training von Pawlowschen Hunden vergleichen. Du wirst vielleicht erwarten, dass man dir den Hintern versohlt, wenn du weißt, dass du nicht unterwürfig bist, aber du wirst dich fügen, weil es dir Spaß macht. Allerdings bist du vielleicht nicht immer in der Stimmung, versohlt zu werden, also wirst du dein Bestes tun, um keine Situation zu schaffen, die eine Tracht Prügel rechtfertigt.

Es bringt nichts, wenn du dich darüber ärgerst, dass du bestraft wirst, wenn du die Grenzen überschreitest, oder wenn du das Gefühl hast, dass dein Partner überfordert ist. Bevor du dich auf diesen Lebensstil einlässt, musst du ausführlich darüber sprechen, wie du dir eure Beziehung vorstellst und wie weit du bereit bist, die Grenzen dieser Entscheidung zu erweitern. Du musst das Training begrüßen und unterwürfig sein wollen, weil du weißt, dass es deinem Partner gefallen würde.

Wenn er darauf besteht, dass du seine Mahlzeiten auf eine bestimmte Art und Weise zubereitest, solltest du dies aus dem Wunsch heraus tun, ihm zu gefallen. Er ist dein Herr und du solltest ihm gehorchen, so wie ein Hund seinem Herrn gehorcht. Du tust es aus einer Position der Liebe heraus und vertraust ihm, dass er die richtigen Entscheidungen für dich und die Entwicklung eurer

Beziehung trifft. Du musst dein volles Vertrauen in die andere Person setzen, dass sie die richtigen Entscheidungen für dich trifft. Wenn du diese Einstellung hast, wirst du ihm dankbar sein, wenn er dich bestraft, denn du hast ihm bereitwillig die Kontrolle überlassen, damit du ihm richtig dienen und die bestmögliche Beziehung führen kannst. Er ist dafür verantwortlich, die Bindung zu formen, die eine unterwürfige Person für ihren Meister empfinden muss.

Wenn du selbst einen leistungsstarken Job hast, kann es extrem befreiend sein, die Macht in deiner persönlichen Beziehung an eine andere Person abzugeben. Wenn du dich in der Vergangenheit um Rechnungen kümmern musstest, liegt diese Sorge jetzt auf den Schultern des dominanten Partners. Wenn du es leid bist, dir zu überlegen, was du kochen sollst, um deinem dominanten Partner zu gefallen, nimmt er dir das jetzt ab und bestellt, was er am liebsten mag, so dass du nicht mehr nachdenken musst. Du könntest auch zustimmen, dass er entscheidet, wohin du in den Urlaub fährst oder mit wem du dich gesellschaftlich verkehrst. Von wie viel Druck und Langeweile wirst du wohl befreit sein? Entspanne dich in einer Rolle der Unterwerfung und genieße die Freiheit, die damit einhergeht.

Außerdem musst du dich verpflichten, deine Arbeit an ihrem Platz zu lassen. Wenn du am Arbeitsplatz einen hohen Rang und Status hast, lass ihn dort, wo er hingehört. Bring das nicht mit nach Hause, wenn du versuchst, dich unterwürfig zu verhalten, denn das wird nicht funktionieren. Entspanne dich in den Moment hinein und denke darüber nach, was du erreichen willst, indem du meditierst, wenn dir das hilft. Die Arbeit bei der Arbeit zu lassen, ist in jedem Fall eine gute Praxis, die du dir angewöhnen solltest. Das wird sich positiv auf deine Gesundheit auswirken, da dein Stresslevel sinkt und du vielleicht auch die Gefahr von Bluthochdruck verringerst.

Sexuell kann es ein aufregendes Abenteuer sein. Du musst tun, was man dir sagt, und es kann unglaublich erotisch sein, wenn man dir befiehlt, einen sexuellen Akt an oder für deinen Partner auszuführen. Wenn dein Partner dich sexuell wirklich besitzt, kann das sehr erregend sein.

Wenn es dir schwerfällt, diese Haltung einzunehmen, kannst du deinen Partner fragen, ob ihr ausführlicher darüber reden könnt. Versuche herauszufinden, warum du so fühlst, wie du fühlst, und woher diese Gefühle kommen. Wenn du herausfindest, warum du dich so fühlst, wie du dich fühlst, können sich aufgestaute Sorgen und Ängste lösen und du kannst tief in dich gehen und negative und nutzlose Gedanken und Gefühle vertreiben.

Meditation kann dir oft helfen, die Spreu vom Weizen zu trennen und dich auf den Weg zu führen, der wirklich zu dir passt. Wenn du Meditation noch nie ausprobiert hast, kann sie sehr aufschlussreich sein. Alles, was du dafür tun musst, ist, dir einen ruhigen Ort zu suchen, an dem du möglichst allein bist und nicht gestört wirst. Lege deine Füße flach auf den Boden und halte deinen Rücken gerade. Atme bis sieben ein und bis neun aus und werde dir dabei deiner Atmung bewusst. Befreie deinen Geist von allen Dingen, die in deinem Kopf um die Vorherrschaft kämpfen und entspanne dich. Wenn die Gedanken fortbestehen, nimm sie zur Kenntnis und beschließe, dich zu einem späteren Zeitpunkt mit ihnen zu beschäftigen. Jetzt ist deine Zeit gekommen. Nach einer solchen Phase wirst du feststellen, dass deine Gedanken viel klarer werden. Argumente, die jetzt um die Vorherrschaft ringen, werden einen Anschein erwecken, den du als rational anerkennst, und dich zu deinem Ziel führen. Es kann eine verwirrende Zeit sein, wenn du auf irgendeiner Ebene mit deiner Sexualität kämpfst, und dies ist eine sehr nützliche Technik, um zu klären, was nicht wichtig ist und nicht mehr zu dem gehört, was du jetzt bist.

Für manche ist es ganz natürlich, sich in allen Bereichen ihres Lebens völlig unterzuordnen, und es ist eine einfache Rückkehr zu den 1950er Jahren, als Frauen ihren Platz kannten. Das war möglich, weil sie von allen Seiten indoktriniert wurden: Eltern, Regierung und die Medien. Die Wirtschaft machte es den Frauen leicht, sich kontrollieren zu lassen, und ebenso leicht glaubten sie, dass ihr Platz zu Hause war, wo sie die Kinder hüteten und taten, was ihr Herr und Meister verlangte.

In einem Brief von Samuel Johnson an Dr. Taylor sagte Johnson 1763: "Die Natur hat den Frauen so viel Macht gegeben, dass das sehr weise Gesetz ihnen wenig gegeben hat." Die Rolle der Unterwürfigen scheint sogar im Gesetz verankert worden zu sein und schien darauf hinzuweisen, dass Frauen nicht unbedingt erkennen, wie viel Macht sie haben und dass ihre weiblichen Reize, wenn sie klug eingesetzt werden, dafür sorgen können, dass sie die perfekte Beziehung führen. Die Männer scheinen es jedenfalls getan zu haben und hielten es für notwendig, Gesetze zu erlassen, die es den Frauen erlauben, sich über ihren Stand zu erheben und so die

Macht zu behalten, die sich über Jahrhunderte zu ihrem Besitz entwickelt hatte. Deshalb mag es manche überraschen, wie schnell sich die Waage zu neigen scheint und das Machtverhältnis in den letzten Jahrzehnten wieder ins Gleichgewicht gebracht wurde. Es ist kein Wunder, dass beide Geschlechter verzweifelt versuchen, ihren Platz in einer neuen Welt zu finden, die sie nicht mehr mit der ihrer Eltern vergleichen können.

Aber zumindest historisch gesehen sind Frauen von Natur aus eher fürsorglich und haben Freude daran, anderen zu dienen. Sie achtet vielleicht darauf, dass ihr Dom genug gegessen hat oder dass das Essen genau nach seinem Geschmack gekocht ist. Allein die Tatsache, dass sie sich um diese Dinge kümmert, wenn sie richtig sind, bedeutet, dass sie Freude und Trost daraus ziehen kann, dass sie in allen Bereichen ihres gemeinsamen Lebens zufrieden ist. Obwohl dies heute wahrscheinlich der Fall ist, gibt es sanfte Verschiebungen weg davon, da die Rolle des Hausmannes in der modernen Gesellschaft immer akzeptabler und üblicher wird.

Zoe Eckman brachte einen anderen Aspekt der Ausnutzung weiblicher Fähigkeiten in einem bekannten Zitat auf den Punkt: "Ein Engel in der Küche, eine Dame im Wohnzimmer und eine Hure im Schlafzimmer". Das scheint darauf hinzudeuten, dass Frauen geschickt darin sind, mehrere Rollen nacheinander zu übernehmen. Wenn ein Mann sich in dieser Rolle dominant und glücklich fühlt, wie viel wahrscheinlicher ist es dann, dass er seine kleine Dame, die ihm jede Laune erfüllt, in jeder Hinsicht vollständig und durch und durch glücklich machen will?

In einer Welt, in der die Gleichberechtigung zwischen den Geschlechtern immer mehr zunimmt, mag es schwieriger sein, diese Einstellung zu erlangen, aber es ist immer noch möglich. Wenn du dich dazu verpflichtest, diesen Lebensstil zu leben, wird er umso selbstverständlicher werden, je öfter du ihn praktizierst. Er wird sich auf andere Bereiche deines Lebens ausdehnen, vielleicht ohne dass du dir dessen bewusst bist.

Andere finden es erotisch, ihre unanständige Seite in Abständen auszunutzen und nehmen sie nur aus diesem Grund an. Und warum auch nicht? Es muss nicht allumfassend sein. Wenn du es vorziehst, in eine Sub/Dom-Beziehung ein- und auszusteigen und nur den sexuellen Teil des Rollenspiels zu übernehmen, dann ist das auch in Ordnung. Es kann immer noch eure Beziehung bereichern. Es kann sogar sein, dass es dir leichter fällt, die Rolle in Teilen zu übernehmen als ganz. Aber wie bereits erwähnt, kann es sein, dass sich dies unmerklich auf andere Bereiche deines Lebens ausweitet.

Wenn du dich damit wohl fühlst und willst, dass es sich auf alle Bereiche deines Lebens ausweitet, hast du Glück. Wenn du dich dagegen dumm oder töricht fühlst, dich in diese Rolle einzuleben, dann gehe es langsam an und führe es Stück für Stück ein. Frag dich - und deinen Partner - warum ihr es in euer Leben aufnehmen wollt. Fühlt euch wohl, wenn ihr darüber sprecht und akzeptiert es als Teil eures natürlichen Lebensstils. Auf diese Weise wird sich deine Einstellung leichter daran gewöhnen.

Wenn du es hingegen als unnatürlich empfindest, wirst du wahrscheinlich nicht viel Freude daran haben. Wenn das der Fall ist, solltest du nicht zustimmen, nur um deinem Partner eine Freude zu machen. Wenn du das tust, wirst du wahrscheinlich irgendwann Groll verspüren, und das wird sich kontraproduktiv auf das auswirken, was du zu erreichen versuchst. Wenn du versuchst, eine unterwürfige Haltung einzunehmen, versuche, Gedanken auszublenden, die dich davon wegführen. Versuche, dich zu konzentrieren. Vielleicht kann eine Beratung dabei helfen, die kontrollierenden Gedanken aus deiner Vergangenheit loszuwerden?

Am anderen Ende der Skala, wenn du geübter und entspannter bist, kann es auch eine körperliche Bewegung deines Dominanten sein, z.B. ein Klaps auf den Po oder ein Blick. Du wirst feststellen, dass es dir manchmal leichter fällt, in eine unterwürfige Haltung zu schlüpfen als früher. An einem Tag fühlst du es wirklich und genießt es, an einem anderen scheinst du es nicht zu verstehen. An diesen Tagen solltest du mitspielen. Es ist ein bisschen so, als würdest du einen Muskel stärken und je mehr du ihn benutzt, desto stärker wird er.

Wenn du eine neue Beziehung beginnst oder dich sogar dazu entscheidest, sie in einer bereits bestehenden Beziehung zu übernehmen, ist es notwendig, dich auf die Bedürfnisse deines Dominators einzustellen. Oft ist es sinnvoll, dieses Training zu formalisieren. Ihr könntet euch also darauf einigen, dass es schriftlich festgehalten wird, damit ihr euch damit vertraut machen und oft darauf zurückgreifen könnt. Diese Liste könnte sogar als Vertrag zwischen zwei einwilligenden Parteien verwendet werden und als Richtlinie für die

Bedingungen eurer Beziehung dienen. So weiß der/die Unterwürfige nicht nur, was er/sie tun muss, um seinem/ihrem Partner zu gefallen, sondern es werden auch die Grenzen aufgezeigt, die der/die Unterwürfige nicht überschreiten will. Darin könnte zum Beispiel stehen, dass keine Ledergürtel oder Peitschen verwendet werden dürfen. Natürlich kann die Schmerztoleranz mit dem Fortschreiten der Beziehung zunehmen und es ist immer möglich, den Vertrag zu überarbeiten und entsprechend zu ändern.

Der Vertrag kann auch Angaben darüber enthalten, ob dem Sub und dem Dom Namen zugewiesen werden sollen. Manche Paare verwenden gerne Sir oder Master, während der Sub vielleicht Baby oder Puppe genannt wird. Vielleicht habt ihr auch schon eure eigenen Namen, die ihr lieber füreinander verwendet. Er sollte Anweisungen für jeden Bereich eurer Beziehung enthalten. Umfasst sie nur den sexuellen Bereich oder auch den finanziellen oder häuslichen Bereich? Soll es ganz privat bleiben oder wollt ihr die Beziehung auch vor anderen geheim halten?

Er kann allgemein gehalten sein, muss aber vielleicht angepasst werden, wenn du dich in der Beziehung zurechtfindest. Wenn es sich um eine bestehende Beziehung handelt, kann ein Vertrag ebenfalls sehr nützlich sein. Er ermöglicht es dem Paar, die Bedingungen ihrer Beziehung im Detail zu besprechen, muss aber nicht unbedingt formell und ernst sein, sondern kann auch unbeschwert und lustig sein - und unglaublich sexy. Wenn du darüber sprichst, was du dir sexuell wünschst, kann ein sexy Szenario entstehen - oder zwei -, wenn du dich entscheidest, es direkt zu üben und auszuleben, und das bringt euch beide auf jeden Fall in die richtige Stimmung. Das kann nichts Schlechtes sein, denn ihr belebt bereits euer gemeinsames Sexleben. Es kann auch eine Ehe neu beleben, die schal und vorhersehbar geworden ist, und euch zu den Zeiten zurückführen, in denen ihr Sex sehr aufregend fandet und euch darauf gefreut habt, anstatt ihn einfach nur zu überstehen. Es fordert euch beide auf, phantasievoll und kreativ zu sein und gründlich zu überlegen, was Sex für euch bedeutet.

Es liegt an euch beiden, zu entscheiden, wie genau dieser Vertrag sein soll. Er könnte so explizit sein, dass er Dinge enthält wie: Der Meister versohlt dem Baby jeden Freitagabend um 20 Uhr den Hintern, und das Baby muss in der Kleidung, die der Meister wünscht, im Schlafzimmer bereitstehen. Es könnte dann weitergehen und sagen, was sie danach sexuell zu tun hat. Oder sie könnte die häuslichen Pflichten und die Art und Weise, wie der Kaffee des Dom's sein soll und wann er ihn erhalten soll, umreißen. Das ist eine ganz persönliche Sache zwischen zwei Menschen und kann sich mit jedem neuen Partner ändern. Gehe nie davon aus, dass das Training eines Sub für jede Beziehung gleich ist, denn die sexuellen Vorlieben sind bei jeder Person anders.

Natürlich ist es Teil des Spaßes, herauszufinden, was am besten zu euch beiden passt. Das kann in einer neuen Partnerschaft unglaublich erotisch sein und in einer etablierten Partnerschaft sogar noch umwerfender.

Viel Spaß!

KAPITEL DREI

Verwundbarkeit

Als Unterwürfige/r braucht man viel Mut, weil man sich vor einem anderen Menschen entblößt. Das Beängstigende daran ist, dass du nicht weißt, ob sie die Informationen, die du ihnen gibst, gegen dich verwenden werden oder ob sie sie schützen und nutzen werden, um eure Beziehung zu verbessern.

Wenn du dich einem anderen Menschen öffnest, erzählst du ihm einige deiner dunkelsten Geheimnisse und tiefsten Sehnsüchte. Dinge, die du bisher nicht unbedingt mit anderen geteilt hast. Diese Verletzlichkeit kann für jeden beängstigend sein, aber eine offene Kommunikation hilft dir dabei, mit deinem Dom zu sprechen und dich zu offenbaren.

Wenn es um den sexuellen Aspekt des Ausgeliefertseins geht, vertraust du deinem Dom deine Sicherheit und dein Vergnügen an. Wann immer du in einer Szene bist, hast du ein Mitspracherecht bei dem, was passiert, aber die meiste Zeit liegt es in den Händen deines Meisters.

Höchstwahrscheinlich wirst du durch deinen Partner neue Dinge erleben. Das Gefühl, zu wissen, dass er dir nicht wehtun wird (wenn ihr erst einmal Vertrauen gefasst habt) und das Gefühl, nicht zu wissen, ob du das, was passieren wird, genießen wirst, kann dich auch verletzlich machen. Vor allem, wenn du nicht in der Lage bist zu sehen, was vor sich geht.

Es gibt eine ganze Reihe von Problemen, die dazu führen können, dass du dich verletzlich fühlst, besonders wenn du in deiner Vergangenheit missbraucht wurdest oder dies deine erste Beziehung ist. Ein echter Dom wird deine Verletzlichkeit nicht ausnutzen und dich nicht missbrauchen. Ein echter Dom wird dich vielmehr unterstützen und dir zeigen, dass du keinen Grund hast, dich verletzlich zu fühlen, denn er ist da, um dich zu beschützen.

Wenn du dich sexuell verletzlich fühlst, kann das deine Beziehung zu deinem/r Dominanten beeinträchtigen, aber du musst daran glauben, dass dein/e Dominante/r sich um dich kümmern wird. Wenn du immer noch Probleme damit hast, dich verletzlich zu fühlen, solltest du mit ihm darüber sprechen, was du fühlst. Vielleicht brauchst du mehr Hilfe als das, was sie dir bieten können. Wenn das der Fall ist, werden sie dir helfen, dich zu heilen und das, was dich zurückhält, zu überwinden.

Wie bereits erwähnt, bist du bei deiner ersten ernsthaften Beziehung verletzlicher, weil du nicht weißt, was dich erwartet. Viele Doms könnten versuchen, die Tatsache auszunutzen, dass du noch nicht viel weißt und keine Erfahrung hast. Du musst dich vor diesen Leuten in Acht nehmen, denn du wirst ein Hauptziel für sie sein.

Recherchiere und finde jemanden, der bereit ist, dich zu betreuen. Es wird immer Schwachstellen geben, weil du dich jemandem öffnest, von dem du nicht weißt, ob er sein Wissen zum Guten oder zum Schlechten für dich nutzen wird. Aber wenn du den richtigen Mentor gefunden hast, wirst du jemanden haben, der sich um dich kümmert und dir das Gefühl gibt, dass du sicher genug bist, um die Dinge, die dich verwundbar machen, voranzutreiben und dich zu einer stärkeren Person zu entwickeln.

Verletzlichkeit kann viele Bedeutungen haben. Sie kann Schwäche, Wehrlosigkeit und Hilflosigkeit ausdrücken, aber auch Offenheit und Entblößung bedeuten. Skrupellose Menschen werden wahrscheinlich die erste Bedeutung wählen und deinen Enthusiasmus für sexuelle Kooperation als Hebel für Ausbeutung nutzen. Aufrichtige Menschen hingegen sehen darin ein Mittel, sich besser kennenzulernen. Tatsächlich ist dies eine Voraussetzung, um mehr über eine andere Person herauszufinden, ihr näher zu kommen und eine sinnvolle Bindung aufzubauen. Ihr erlaubt euch beide, offen miteinander umzugehen und Erfahrungen und Gefühle zu teilen. Wenn du dich anderen gegenüber offen zeigst, kannst du missbraucht werden, und wenn du nicht glaubst, dass du von Natur aus gut mit anderen Menschen auskommst und eine Verbindung zu ihnen aufbauen kannst, solltest du mit äußerster Vorsicht vorgehen.

Wenn es sich nicht um eine langjährige Beziehung handelt, musst du immer für deine eigene Sicherheit verantwortlich sein. Wie in jeder sexuellen Beziehung gibt es auch hier skrupellose oder sogar psychotische

Menschen, die andere um ihrer selbst willen verletzen wollen. Wenn du zustimmst, dich in eine verletzliche Position zu begeben, vor allem in körperlicher Hinsicht, setzt du dich einer potenziellen Gefahr aus, vor allem in neuen Beziehungen, aber auch in bestehenden.

Habe immer ein Sicherheitswort, das du vorher mit deinem Partner abgesprochen hast. Das sollte kein Allerweltswort sein, sondern so ungewöhnlich, dass die andere Person innehalten kurzer Zeit und sofort darauf reagieren muss. Mache ihm klar, dass es eine No-Go-Area ist, wenn er sich nicht an deine Sicherheitsvorschriften hält. Du musst voll und ganz darauf vertrauen, dass du sicher bist, sonst kannst du dich nicht in die Rolle hineinversetzen und sie als das genießen, was sie ist. Du solltest dich aufgeregt, aber nicht ängstlich fühlen.

Du solltest auch einen Fluchtplan haben, falls die Dinge aus dem Ruder laufen. Lass dich nicht von jemandem, den du nicht sehr gut kennst, an einem völlig isolierten Ort fesseln, an dem es unmöglich wäre, Aufmerksamkeit zu erregen und um Hilfe zu rufen. Du solltest dich auch nicht von Leuten knebeln lassen, bei denen du dir nicht ganz sicher bist, damit das nicht möglich wird. Nur weil du in einem hocherregten Zustand bist, heißt das nicht, dass der gesunde Menschenverstand aus dem Fenster fliegen sollte.

Das Wesen einer Sub/Dom-Beziehung besteht darin, dass sich eine Person verletzlich/unterwürfig fühlen sollte. Die Beziehung besteht darin, dass du einer anderen Person erlaubst, die Kontrolle über dich so vollständig zu übernehmen, dass du dich in ihrer Macht, verletzlich fühlst. Aber pass auf, dass du das Gefühl der

Verletzlichkeit in einer vertrauensvollen und fürsorglichen Beziehung nicht damit verwechselst, dass du dich so verletzlich fühlst, dass du Angst vor dem hast, was passieren wird und dich um deine eigene Sicherheit sorgst. Es gibt einen Unterschied und du solltest in der Lage sein, die beiden Gefühle leicht zu unterscheiden. Wenn du dir nicht sicher bist, welche Emotion du gerade erlebst, bitte ihn, damit aufzuhören. Auch wenn er in einem sehr erregten Zustand ist, solltest du unter keinen Umständen Angst haben. Du solltest ihm vertrauen können, dass er nie über das Ziel hinausschießt, und glauben kannst, dass du die Macht hast, alles, was du nicht willst oder begrüßt, sofort zu stoppen.

Wenn sich eine Beziehung entwickelt, egal ob sie sexuell ist oder nicht, sollte es darum gehen, der anderen Person deine verletzliche Seite zu zeigen. Es geht darum, Dinge über dich selbst mit ihm zu teilen, damit es akzeptabel ist, zu zeigen, dass du ein Mensch bist wie er, kein Übermensch. Das ist Intimität in ihrer wahrhaftigsten Form.

Denke nicht, dass Verletzlichkeit zwangsläufig mit Schwäche gleichgesetzt werden muss. Sie kann ein Zeichen von Stärke sein, wenn du bereit bist, einer anderen Person deine Gefühle, Ängste und Hoffnungen zu offenbaren. Du tauschst deine Macht aus und lernst die Person auf diese Weise viel besser kennen, weil du ihr erlaubst, deine verborgenen emotionalen Anteile zu sehen, die du nur Menschen zeigst, denen du vertraust oder denen du zumindest in Zukunft vertrauen willst.

Sei vorbereitet: Es wird Zeiten geben, in denen du verletzt wirst. Es wäre unrealistisch, mit der Erwartung durchs Leben zu gehen, niemals Schmerz zu empfinden. Lass deinen Schutz fallen und zeige den Menschen dein wahres Ich. Wenn du das Bedürfnis, mit anderen in Kontakt zu treten, ausschaltest, wird dein Leben wahrscheinlich einsam sein. Wenn du Menschen, mit denen du in Kontakt treten willst, deine verletzliche Seite zeigst, eröffnen sich neue Wege, auf denen ihr auf vielen Ebenen in Beziehung treten könnt. Wenn du das tust und feststellst, dass ihr nicht zueinander passt, kann das bedeuten, dass ihr nicht zusammen gehört, oder dass ihr an eurer Beziehung arbeiten müsst, damit ihr besser zusammenpasst. Deine Verletzlichkeit zu zeigen, ist perverserweise sehr mutig, aber es bedeutet nicht, dass du dich nach Lust und Laune in Gefahr begibst, daher sollte dieser Kurs mit Verstand und Vorsicht eingesetzt werden.

Deine Verletzlichkeit zu zeigen, bedeutet nicht, dass du jedem, den du triffst, jedes Detail über dich erzählen musst. Du musst selbst entscheiden, was und wann du es erzählen willst. Wenn du deine ganze Lebensgeschichte erzählst, sobald ihr euch trefft, gibt es nichts mehr, was du herausfinden kannst. Versuche, ein kleines Geheimnis zu bewahren, damit andere mehr über diese faszinierende neue Person erfahren wollen, die sie gerade kennengelernt haben. Wenn du alles sofort preisgibst, könnten die Leute das auf jeden Fall als merkwürdig empfinden. Denke hier an Forrest Gump.

Die Menschen müssen sich diese Ehre verdienen, denn es ist in der Tat eine Ehre, dass man ihnen seine tiefsten Geheimnisse, Hoffnungen und Ängste offenbart. Sie sollten es als den Schatz behandeln, der es ist, und entsprechend darauf reagieren. Das ist der Moment, in dem eine echte Verbindung zwischen zwei Menschen entsteht. Hab keine Angst davor, der Erste zu sein, der "Ich liebe dich" sagt, wenn du eine neue Beziehung eingehst, aber andererseits solltest du es nicht gleich jedem sagen, den du triffst. Du solltest instinktiv wissen, wann es an der Zeit ist, und überholte gesellschaftliche Regeln sollten dich nicht davon abhalten. Denk daran, dass es ein kostbares Geschenk ist, das du mit anderen teilen kannst. Behandle es als solches.

Wenn du unschlüssig bist, ob du deine verletzliche Seite zeigen und dich unterordnen sollst, frage dich, was das Schlimmste ist, was passieren könnte. Warum hast du Angst davor, deine Verletzlichkeit zu zeigen? Ist es die Angst, dass, wenn du jemandem zeigst, wer du bist, er dich zurückweist und dich als unwürdig für seine Zuneigung betrachtet? Das ist immer ein Risiko, aber das Leben bleibt oft trist und langweilig, wenn du nicht bereit bist, zu irgendeinem Zeitpunkt ein Risiko einzugehen. Ist die Aktion unumkehrbar? Ist es nicht etwas, über das du nach der Erfahrung schreiben und sagen könntest: "Nun, ich habe es versucht, aber es ist nichts für mich"? Ohne ein gewisses Maß an Verletzlichkeit wirst du niemals Beziehungen aufbauen können, denn sie wachsen, wenn Menschen Dinge von sich preisgeben und das hat immer das Potenzial, eine Person verletzlich zu machen.

Und versuche nicht, persönliche Dinge über dich zu erzählen, um eine Schockreaktion zu bekommen. Wenn du jemandem bei eurem ersten Treffen erzählst, dass du dir die Brust hast abnehmen lassen, könnte das als höchst ungewöhnlich und unpassend empfunden werden, ganz zu schweigen davon, dass du als bedürftig angesehen wirst. Du bist definitiv nicht auf eine Reaktion nach dem Motto "Ich bin arm" aus. Du versuchst, Dinge zu offenbaren, die dich mit der anderen Person verbinden, und suchst nach Gemeinsamkeiten, die dich mit ihr in Resonanz bringen.

Indem du deinem Partner zeigst, dass du verletzlich sein kannst und bereit bist, das auszuprobieren, was er vorschlägt, brauchst du einen Mut, von dem du vielleicht nicht weißt, dass du ihn besitzt. Tatsächlich ist Verletzlichkeit ein sehr notwendiger und wichtiger Teil deiner Rolle als Unterwürfige/r und Verletzlichkeit kann geübt und genossen werden.

Wenn du zulässt, dass deine Verletzlichkeit zum Vorschein kommt, zeigt sich, wie authentisch du bist. Du bist du selbst und hast keine Angst, anderen zu zeigen, wer du bist. Indem du dein wahres Ich zeigst, mit allen Schattenseiten, gibst du anderen die Erlaubnis, auch sie selbst zu sein und ermutigst sie zu gegenseitiger Ehrlichkeit. Das schafft Vertrauen, denn wenn du jemandem gezeigt hast, wer du wirklich bist und ihm deine Ängste gestanden hast und er dich trotzdem liebt, gibt es nichts mehr zu befürchten. Sie lieben dich so, wie du bist. Man könnte meinen, dass eine verletzliche Person eine abhängige Person ist, die die Bestätigung von anderen braucht, um zu bestätigen, wer sie ist. In Wirklichkeit ist das Gegenteil der Fall. Wenn du deine verletzliche Seite zeigst, bedeutet das oft, dass du selbstbewusst bist. Du bist glücklich, so zu sein, wie du bist, und zufrieden damit, wie sich dein Leben entwickelt.

Selbstironie kann zwar attraktiv sein, aber es kommt auf das richtige Maß an. Wenn du ständig im "Ich bin arm"-Tonfall herumläufst, wirst du als Tölpel und Langweiler wahrgenommen und die Leute werden dich meiden wie die Pest, weil sie befürchten, dass du zu bedürftig bist und unangemessene Ansprüche an sie stellst. Das ist nicht nur unsexy, sondern schreckt auch total ab.

Wenn du auf jemanden triffst, der mehrere ernsthafte Beziehungen hatte oder zu einer Serienbraut oder einem Serienbräutigam geworden ist, dann muss da etwas verdächtig sein. Wenn eine Person nicht sicher sein kann, dass sie in der Lage ist, eine gesunde Beziehung zu führen, sollte sie bereit sein, daran zu arbeiten und einen Teil der Schuld dafür auf sich zu nehmen, dass die Dinge immer wieder schief laufen. Wenn ihre Beziehungen immer wieder in die Brüche gehen, könnte das ein Hinweis darauf sein, dass etwas nicht stimmt. Es könnte darauf hindeuten, dass sie ihre Verletzlichkeit überhaupt nicht zeigen wollten, oder dass sie völlig verletzlich und abhängig von einer anderen Person geworden sind. Wenn das auf dich zutrifft oder du eines dieser Muster erkennst, sei ehrlich zu dir selbst und fang an, daran zu arbeiten. Du musst aktiv daran arbeiten, dein Leben zum Besseren zu verändern.

Mutig genug zu sein, um verletzlich zu sein, ermutigt auch jemanden, sich um dich zu kümmern und dich gut zu behandeln. Aber das muss mit Respekt vor der Person einhergehen, die die schlechten Zeiten in ihrem Leben überwunden hat und jetzt stark genug ist, sie mit einer anderen Person zu teilen. Sie wollen, dass du in Sicherheit bist und nie wieder ein Unglück erleben musst, weil sie sich um dich kümmern wollen. Wenn du auf jemanden triffst, der deine Verletzlichkeit ausnutzt und sie missbraucht, dann sag ihm/ihr, dass er/sie über das Ziel hinausgeschossen ist und ihr die Bedingungen eurer Beziehung neu verhandeln müsst.

Lerne, deine Verwundbarkeit in vollem Umfang zu nutzen. Sie ist ein sehr mächtiges Werkzeug in deinem Rüstzeug und du solltest sie niemals unterschätzen. Deine Verletzlichkeit zu zeigen, kann so einfach sein, wie Geschichten über lustige Dinge zu erzählen, die dir passiert sind. Aber auch hier gilt: Mach es dir nicht zur Gewohnheit, sonst wirst du von anderen nicht als jemand wahrgenommen, der einfach nur unterhaltsam ist, sondern als ein Idiot. Versuche, Humor einzusetzen, damit andere erkennen können, dass du dich selbst nicht zu ernst nimmst. Wenn du jemanden zum Lachen bringst, wird er eher mit dir mitfühlen, wenn etwas schief läuft.

Verletzlichkeit hat nichts mit einer Mills and Boon-Heldin zu tun, die in den Armen ihres Liebhabers in Ohnmacht fällt - obwohl sie das natürlich auch sein kann, wenn das dein Ding ist. In der heutigen modernen Welt, in der die Geschlechter um Gleichberechtigung ringen, geht es um eine Frau, die sich sicher ist, wer sie ist, die die Charakterstärke hat, um zu überleben, die aber auch die Kraft hat, die Hand auszustrecken und zu sagen: Das ist mein nacktes Ich und ich brauche dich, um mich glücklich zu machen.

Deine verletzliche Seite zu zeigen, erfordert auch, dass du optimistisch bist. Wenn du dich dabei ertappst, dass du immer das Schlimmste erwartest, was passieren könnte, musst du lernen, innezuhalten. Versuche abzuschätzen, welche negativen Auswirkungen ein Ereignis auf dein Leben haben könnte. Würdest du sterben? Die Antwort ist wahrscheinlich Nein. Schlechte Erfahrungen machen uns stärker - oder zumindest sollten sie das. Schaue jetzt auf dein Leben zurück. Welche Dinge sind dir besonders im Gedächtnis geblieben? Sind es die schlechten Dinge oder die guten? Es ist in Ordnung, wenn du dich an schlechte Dinge erinnerst, solange du etwas aus der Erfahrung gelernt hast und dich dadurch erleuchtet fühlst. Ein sehr reales Beispiel, das mir spontan einfällt, ist die Geburt eines Kindes. Sie kann schrecklich schmerzhaft sein, aber als Belohnung für die Schmerzen gibt es am Ende eine der besten Belohnungen, die man im Leben bekommen kann.

Hoffentlich waren die schlechten Zeiten nur selten und die endlosen Nächte, die du in der Vergangenheit erlebt hast, sind vorbei und vergessen oder zumindest unter gespeichert, damit sie nicht mehr wehtun. Umgekehrt solltest du versuchen, dich an all die guten Zeiten zu erinnern, einschließlich der besten sexuellen Erfahrungen, die du gemacht hast. Wenn du das tust, wirst du ein glücklicherer Mensch sein, zu dem sich die Menschen gerne hingezogen fühlen.

Es ist schon erstaunlich, wenn eine Person, die glücklich ist und vor Selbstvertrauen strotzt und immer bereit ist, anderen zu helfen, sich öffnet und etwas preisgibt, was sie sonst nur selten oder nie jemandem gegenüber zugegeben hat. Was dann geteilt wird, ist ein sehr kostbares Gut. Diese Person gibt einen sehr privaten und intimen Teil von sich preis, den sie vielleicht niemandem sonst anvertraut. Sie zeigt ihre

Verwundbarkeit. Auch wenn sie schon so oft verletzt wurde, vertraut sie dir Informationen an, die gegen sie verwendet werden können, um ihr zu schaden. Schätze dies. Es ist wirklich ein wertvolles Geschenk und bedeutet, dass du eine sehr bedeutungsvolle und intime Verbindung zu einem anderen Menschen hergestellt hast.

KAPITEL VIER

Kommunikation

Auch wenn du der/die Unterwürfige bist, darfst du nicht eine Sekunde lang denken, dass du passiv bist. Du bist ein aktiver Teilnehmer an diesem Vergnügen, und du hast deine Rolle darin aktiv gewählt. Du bist in dieses Spiel hineingegangen und hast in dieser Szene mitgespielt, damit auch deine Wünsche erfüllt werden können; es ist nur so, dass deine Wünsche und Fantasien den Wünschen und Launen eines anderen entsprechen.

Es ist wichtig, dass du und dein/e Dominante/r euch klar darüber seid, was ihr beide von dieser Erfahrung erwartet. Es müssen Parameter festgelegt werden, und dazu gehören auch Safewörter. Achte darauf, dass dein Safewort etwas Ungewöhnliches ist, das du normalerweise in der Szene nicht sagen würdest, damit es vom Dominanten nicht übersehen werden kann.

Wenn du beabsichtigst, Gags zu verwenden oder deine Szene an einem besonders lauten Ort zu spielen, solltest du ein Signal haben, mit dem du dich verständigen kannst.

Der wichtigste Aspekt bei diesen Spielen ist SSC: Safe, sane und consensual. Also, sicher, vernünftig und einvernehmlich. Du als Unterwürfige/r musst dich in der Situation wohlfühlen und mit dem einverstanden sein, was der/die Dominante mit dir machen will. Wenn du dich zu irgendeinem Zeitpunkt nicht sicher fühlst, musst du es deinem Dominanten mitteilen, damit er weiß, was er später tun oder lassen kann.

Auch nachdem du die Szene durchgespielt hast, musst du mit deiner dominanten Person sprechen, damit ihr beide ausdrücken könnt, wie ihr euch gefühlt habt und was ihr anders machen würdet, wenn ihr es noch einmal tun würdet. Es ist sehr wichtig, dass du die Kommunikation mit deinem/r Dominanten offen hältst, sonst wirst du am Ende noch verletzt.

Wenn du zu irgendeinem Zeitpunkt das Gefühl hast, dass du nicht mit deinem/r Dominanten reden kannst, ist es an der Zeit, dass du dich an jemanden wendest, der dir bei der Kommunikation mit ihm/ihr helfen kann. Das ist auch ein weiteres Anzeichen dafür, dass du dich in einer missbräuchlichen Beziehung befindest und nicht in einer einvernehmlichen unterwürfigen / dominanten Beziehung.

Denke daran, dass es verschiedene Möglichkeiten der Kommunikation gibt. Wenn du nicht mit ihnen reden kannst, schreibe auf, was du fühlst, und gib es ihnen zu lesen. Manchmal können Menschen ihre Gefühle und Gedanken leichter zu Papier bringen als in Worten, weil sie sich hinsetzen und das Geschriebene anschauen können, bevor sie es jemandem geben. Wenn ihr auf diese Weise am besten kommuniziert, solltest du das deinem Beherrscher mitteilen, damit er dafür sorgen kann, dass ihr die beste Kommunikationsmethode für eure Beziehung bekommt.

Der richtige Dom wird dafür sorgen, dass sich sein/e Untergebene/r wohl fühlt, wenn er/sie mit ihm/ihr spricht, denn er/sie ist kein Gedankenleser. Allerdings kann die Kommunikation für eine/n Unterwürfige/n schwierig sein, und das gilt umso mehr, wenn sie/er über etwas sprechen möchte, das von der/dem Dominanten nicht unbedingt richtig verstanden wird.

Aber auch wenn der Dominante nicht hören will, was der Submissive zu sagen hat, muss sich der Submissive wohl dabei fühlen, darüber zu sprechen, denn so wird sichergestellt, dass beide Parteien sicher sind.

Sag es!

- Es sollte keine Rolle spielen, worum du bitten musst; du musst wissen, dass du es sagen kannst, ohne die Beziehung zwischen dominant und unterwürfig zu zerstören. Der Dominante mag die Macht in der Beziehung haben, aber du wirst überrascht sein, dass du es auch bekommst, wenn du darum bittest, solange es nicht dir oder dem Dominanten schadet. Es kann sein, dass du das, was du willst, nicht zu deinen Bedingungen bekommst, aber in diesen Fällen wirst du es zu ihren Bedingungen bekommen.

- Es sollte sich alles um dich drehen! Du willst deinem/r Chef/in nicht sagen, wie er/sie seine/ihre Arbeit machen soll, aber er/sie kann dir sagen, wie du deine Arbeit machen sollst. Trotzdem musst du darauf achten, dass du deine Gefühle ausdrücken kannst, wenn du dich unzulänglich fühlst, was du brauchst, was du fühlst oder was du sonst noch zeigen willst. Das ist ein guter Weg, um herauszufinden, wo deine harten Grenzen liegen.

- Lüge nicht. Wenn du nicht offen sagst, was dich stört, wie soll sich das dann jemals ändern? Obwohl es für jeden schwer ist, brutal ehrlich zu sein, musst du es tun, denn es wird dich am Ende schützen.

Vertraue auf deine Instinkte

- Sei positiv. Geh nicht mit dem Glauben in ein Gespräch mit deinem/r Chef/in, dass sich nichts ändern wird. Gehe auch nicht ohne Lösungen für die Probleme, die auftreten könnten, in das Gespräch. Es ist nicht deine Aufgabe, herauszufinden, wie du alles in Ordnung bringen kannst. Diese Beziehung ist eine Teamleistung und dein/e Herr/in wird beeindruckt sein, dass du etwas anzubieten hast, um das Problem zu lösen.

- Sei achtsam. Du solltest niemals deine Schilde herunterlassen. Du musst auf die

Zeichen achten, die dir sagen, was du in der jeweiligen Situation tun musst. Wenn deine dominante Person Schmerzen hat, weil sie gerade eine schlechte Nachricht erhalten hat, ist es nicht das Beste, einen Witz zu erzählen. Stattdessen solltest du deine dominante Person trösten, ohne dabei deine Grenzen zu überschreiten.

- Vertrauen. Deine dominante Person sollte nur dein Bestes im Sinn haben und sicherstellen, dass sie dir nicht schadet. Manche Menschen sind sehr gut darin, ihre Gefühle zu verbergen, und es ist schwer zu glauben, dass sie tatsächlich das Richtige für dich tun. Eine dominante Person wird jedoch nichts tun, um dich zu verletzen, und deshalb musst du darauf vertrauen, dass sie dich nicht absichtlich verletzen wird. Wenn du das Gefühl hast, dass es nötig ist, sprich mit ihnen darüber, wie sie auf etwas reagiert haben, das vielleicht nicht in Ordnung war.

Aber vergiss nicht, dass auch dein Dom einen sicheren Ort braucht. Benutze ihn also nicht als menschliches Tagebuch, wenn du nicht bereit bist, dasselbe für ihn zu tun.

Während sich eure Beziehung entwickelt, können sich deine Gefühle ändern. Was du früher aufregend fandest, erschreckt dich jetzt aus irgendeinem Grund und könnte irrational sein oder sich deiner Kontrolle entziehen. Du solltest nicht nur mit deinem Partner kommunizieren, sondern dir auch bewusst machen, wie du dich fühlst. Die

Selbstwahrnehmung ist in einer Subdom-Beziehung unerlässlich. Wenn du plötzlich merkst, dass du die Handlungen deines Dom ablehnst, frage dich, woher dieses Gefühl kommt. Darüber zu sprechen, kann helfen. Sei ehrlich, aber freundlich. Es gibt keinen Grund, defensiv oder aggressiv zu reden. Schaffe einen Dialog, der natürlich wirkt und es euch beiden erlaubt, ehrlich zu sprechen. Mache von Anfang an klar, dass es keine Schuldzuweisung an eine der beiden Parteien geben sollte.

Wenn ihr in einer langfristigen Beziehung seid, ist es sehr wahrscheinlich, dass sie intuitiv merken, dass etwas nicht stimmt. Wenn sie den Mut haben, dich zu fragen, was falsch ist, solltest du diese Gelegenheit unbedingt nutzen. Aber überlege dir, wie du es sagen wirst und was du wie ändern willst. Es nützt nichts, wenn du einfach nur sagst: "Ich möchte jetzt etwas anders machen." Bereite dich darauf vor, im Detail zu erklären, was du tun willst.

Übernimm die Verantwortung für die Unzufriedenheit, die du vielleicht empfindest. Versuch nicht, der anderen Person die Schuld dafür zu geben, dass sie deine Bedürfnisse nicht erfüllt, wenn du es versäumt hast, ihr mitzuteilen, was diese Bedürfnisse sind. Wenn dein Partner dich fragt, was dich bedrückt, und du nicht bereit bist, darüber zu sprechen, scheue dich nicht, es zu sagen. Bitte um Zeit, um darüber nachzudenken, damit du es besser ausdrücken kannst. Wenn du dir nicht sicher bist, was genau los ist, ist diese Zeit eine Grundvoraussetzung. Gedanken über deine Sexualität können verwirrend sein und unerwartete Fragen aufwerfen, an die du bisher nicht gedacht hast.

Aber weiche nicht auf unbestimmte Zeit aus. Das ist deinem Partner gegenüber nicht fair. Wenn du Schwierigkeiten hast, herauszufinden, was dich stört, dann sag es. Vielleicht kann dein Partner dir helfen, das Problem ganz einfach zu lösen. Wenn du Hilfe brauchst, bitte darum.

Natürlich ist Kommunikation ein wechselseitiger Prozess. Es geht nicht nur darum, dass eine Person spricht, sondern auch darum, dass die andere Person aktiv zuhört. Und Zuhören ist etwas ganz anderes als nur zuhören. Es erfordert, dass du die andere Person respektierst und das, was sie sagt, für wichtig genug hältst, um ihr Zeit und Raum für eine Diskussion zu geben. Kommunikation ist nicht nur Sprache, sondern umfasst viele verschiedene Facetten der Interaktion: Körpersprache, Mimik. Selbst Schweigen ist eine Form der Kommunikation und kann je nach Kontext eine Vielzahl von Bedeutungen haben.

Wenn die andere Person Informationen weitergibt, solltest du anerkennen, was die andere Person sagt. Das kann ein einfaches Nicken sein, um zu bestätigen, dass du gehört und verstanden hast, was gesagt wird. Sei so freundlich, der anderen Person zuzuhören und unterbrich sie nicht. Nichts ist unangenehmer, als wenn sich jemand ständig einmischt, vor allem, wenn es um etwas Wichtiges geht.

Ist dir schon mal aufgefallen, wie du dich fühlst, wenn du versuchst, etwas zu sagen, das dir viel bedeutet, und die andere Person immer wieder ihren eigenen Standpunkt vertritt, sodass du deinen Gedankengang unterbrechen musst? Wie wirkt sich das auf deinen

Stresspegel aus? Und kannst du ehrlich sagen, dass du am Ende das Gefühl hast, dass es eine sinnvolle Kommunikation war? Die Stimmen erheben sich, denn wenn nicht richtig kommuniziert wird, konzentriert sich jede Person darauf, das zu sagen, was sie sagen muss, anstatt der anderen Person zuzuhören, die Informationen zu verarbeiten und dann eine überlegte Antwort zu geben.

Werde dir bewusst, wie dein eigener Körper funktioniert und wie er sich anfühlt, wenn dein Stresslevel steigt. Dein Atem wird flach, deine Fäuste ballen sich und dein Gesicht fühlt sich wie eine Maske an. Wenn du dieses Gefühl erkennst und dich in diesem Moment wiederfindest, geh einen Schritt zurück und erkenne an, dass du dich beruhigen musst. Versuche nicht, die Schuld auf die andere Person zu schieben. Übernimm die Verantwortung für deine eigenen Gefühle. Wenn du dich wirklich zu ängstlich fühlst, um das Gespräch fortzusetzen, bitte darum, es zu verschieben, damit du Zeit hast, das Thema gründlich zu überdenken und nicht zu voreilig zu sein.

Humor ist fast immer ein gutes Mittel, um in ein angespanntes Gespräch einzugreifen, aber sei vorsichtig, wie du ihn einsetzt. Verwende ihn nicht so, dass die andere Person das Gefühl hat, du würdest dich über sie lustig machen oder die Diskussion nicht ernst nehmen.

Sei bereit, Kompromisse einzugehen. Es kann nicht sein, dass ihr beide immer in allen Dingen völlig einer Meinung seid, und es kann sein, dass einer oder beide von euch sich ein wenig auf den Standpunkt des anderen zubewegen und von eurem eigenen Standpunkt abrücken müssen. Es kann sein, dass selbst ein Kompromiss nicht funktioniert und ihr euch eingestehen müsst, dass ihr nie zu einer Lösung kommen werdet. Wenn das der Fall ist, kannst du entweder zustimmen, den Standpunkt des anderen zu respektieren, auch wenn du ihm nicht zustimmen kannst, oder du vereinbarst, zu einem späteren Zeitpunkt auf die Diskussion zurückzukommen, um festzustellen, ob einer oder beide von euch immer noch der gleichen Meinung sind, nachdem ihr Zeit hattet, über das Thema nachzudenken. Je nach Schwere des Problems kann dies zu einer Trennung führen, aber wenn genügend Respekt und Liebe vorhanden sind, kann die Kommunikation die meisten Dinge lösen. Wenn die Beziehung es wert ist, dann kämpfe für sie. Zwei Menschen, die für dieselbe Sache kämpfen, finden meist einen Weg, sich in der Mitte zu treffen.

Nimm niemals auf die leichte Schulter, was die andere Person sagt. Vielleicht hat sie oder er lange gebraucht, um den Mut aufzubringen, offen mit dir zu reden und dir etwas zu sagen, das für sie oder ihn unglaublich wichtig ist und das sie oder er nur schwer aussprechen kann. Nimm sie ernst und sprich erst am Ende, wenn du sicher bist, dass sie fertig sind. Wenn es möglich ist, zu diesem Zeitpunkt eine stichhaltige Antwort zu geben, dann tu das. Antworte nicht oberflächlich. Kommunikation sollte ein Gedankenaustausch sein, an dem beide Personen beteiligt sind. Wenn du dich nicht in der Lage fühlst, eine sinnvolle oder zusammenhängende Antwort zu geben, bitte um Bedenkzeit für das, was die Person gesagt hat. Wenn möglich, gib ihnen einen Zeitrahmen an, bis zu dem du in der Lage sein wirst, eine durchdachte Antwort zu geben.

Das Oxford Dictionary definiert den Begriff Kommunikation wie folgt:

Die Weitergabe oder der Austausch von Informationen durch Sprechen, Schreiben oder ein anderes Medium.

Ein anderes Medium" bedeutet, dass es nicht nur um das Sprechen und Zuhören geht. Das menschliche Gehirn ist in der Lage, die Körpersprache unbewusst zu lesen und sie zu interpretieren, indem es ihr eine Bedeutung zuweist. Wie würdest du dich zum Beispiel fühlen, wenn du mit jemandem sprichst, der die Arme verschränkt, seinen Körper von dir abgewandt hat und seine Augen im Raum umherwandern? Man muss kein Genie sein, um zu erkennen, dass sie sich langweilen und dir nicht wirklich zuhören. Oft ist die Körpersprache jedoch viel subtiler und kann sich sogar von Kultur zu Kultur und innerhalb verschiedener Altersgruppen unterscheiden.

Eine Botschaft darüber, wie sich jemand fühlt, kann schon darin bestehen, dass er oder sie die Beine übereinander schlägt, so dass er oder sie sich von dir abwendet. Natürlich kann es auch daran liegen, dass die Beine verkrampft sind, aber wenn du andere körpersprachliche Signale liest, erkennst du, dass die andere Person vielleicht nicht ganz mit dem einverstanden ist, was du sagst. Normalerweise sind wir Menschen sehr gut darin, Körpersprache zu lesen. Das ist der Grund, warum wir uns nicht ständig auf dem Gehweg anrempeln. Aber wenn deine Interpretation und dein Auftreten verbesserungswürdig sind, findest du im Internet jede Menge Informationen, mit denen du dieses Thema leicht auffrischen kannst.

Es ist nicht nur wichtig, auf die Signale deines Gegenübers zu achten, sondern auch auf die Signale, die du selbst aussendest. Bestimmte Körperhaltungen können dir das nötige Selbstvertrauen geben. Um das zu veranschaulichen: Wie stellst du dir das Gefühl vor, wenn du siehst, dass jemand die Schultern leicht nach vorne hängen lässt? Vergleiche dieses Gefühl der Negativität mit dem, wenn du jemanden siehst, der die Schultern zurückgeschoben hat und einen offenen und freundlichen Gesichtsausdruck zeigt. Du spürst es vielleicht nicht ganz, aber es ist ein weiterer Hinweis, den du bewusst geben kannst, um einen für dich wichtigen Standpunkt zu vertreten. Selbst so einfache Dinge wie das Tragen von Stöckelschuhen verleihen dir ein gewisses Selbstvertrauen und Selbstbewusstsein. Aber - wenn du es nicht gewohnt bist, Stöckelschuhe zu tragen, solltest du damit üben, bevor du in einer Situation auftrittst, in der du beeindrucken willst, sonst könnte es als Farce enden. Es ist eine Kunst.

Auch wenn du dich entschieden hast, unterwürfig zu sein, kann es von Zeit zu Zeit notwendig sein, durchsetzungsfähig zu sein. Nur weil du eine Hälfte einer Sub/Dom-Partnerschaft bist, heißt das nicht, dass du deine Macht des rationalen Denkens komplett aufgeben und deine Persönlichkeit verleugnen musst. Wenn dir etwas besonders wichtig ist, solltest du bereit sein, deinen Standpunkt zu vertreten und dies zu sagen. Das ist etwas ganz anderes als aggressiv zu sein und du solltest deinen Ton ruhig und ausgeglichen halten. Durchsetzungsfähig zu sein bedeutet auch, dass du die Macht hast, Nein zu sagen. Ja, ihr befindet euch in einer Sub/Dom-Beziehung und wenn du der Sub bist, gehört es zu deiner Rolle, dich zu fügen, aber bei der

Kommunikation geht es darum, auszuhandeln, was du akzeptabel findest und was definitiv tabu ist. Wenn du ehrlich sprichst, wird eure Beziehung viel erfolgreicher sein, als wenn du dein Bestes nur zur Befriedigung deines Partners tust. Glückliche Beziehungen sind Beziehungen, in denen beide Menschen glücklich und erfüllt sind.

Gesichtsausdrücke sind eine weitere gute Möglichkeit, nonverbale Botschaften zu vermitteln. Vielleicht merkst du gar nicht, dass du mit den Augen rollst oder dass sich dein Mund kurz zu einer Grimasse verzieht. Selbst wenn es nur für einen Moment war, könnte die Person, die dir etwas sagen will, das sie für sehr wichtig hält, den Ausdruck auffangen und falsch interpretieren. Es kann unterschwellig passieren, aber du wirst vielleicht eine Veränderung in der Haltung deines Gegenübers bemerken. Wenn du dir des Hinweises, den du gerade gegeben hast, nicht bewusst bist, kann es sehr wohl zu einem Kommunikationsabbruch kommen. Auch wenn du dein Bestes tust, um deine wahren Gefühle zu verbergen, und versuchst, deine nonverbalen Zeichen zu kontrollieren, gibt es zwangsläufig ein Leck, das die andere Person bemerkt, unterschwellig oder bewusst. Aus diesem Grund ist Ehrlichkeit wahrscheinlich immer die beste Strategie. Sei ehrlich darüber, wie du dich fühlst, und drücke das ehrlich aus, denn Vorsicht: Die Wahrheit wird dich herausfinden.

Wenn dein Partner viele nonverbale Zeichen von dir wahrnimmt, spürt er höchstwahrscheinlich, dass etwas nicht stimmt oder dass sich etwas verändert hat. Wenn er dich fragt, was es ist, solltest du nicht versuchen, ihn abzuspeisen. Das könnte die Dinge noch viel schlimmer machen, als sie sind, und die Fantasie ist ein mächtiges Werkzeug. Wenn man sie sich selbst überlässt, kann sie sich alle möglichen Schreckensszenarien ausdenken.

Das bringt uns zurück zur Ehrlichkeit in Bezug auf deine Gefühle. Das ist besonders wichtig in einer Sub/Dom-Beziehung, wenn körperlicher und emotionaler Schaden möglich ist. Du magst zwar eine Rolle spielen, aber das bedeutet nicht, dass du deine natürlichen Eigenschaften völlig aufgeben musst. Dann wärst du nicht mehr die Person, die deinen Partner angezogen hat.

Eine gute Praxis ist es, nach jeder Sub/Dom-Sitzung so ausführlich wie möglich zu besprechen, was dir gefallen und was dir nicht gefallen hat. Kommunikation ist besonders wichtig, wenn ihr in einer neuen Beziehung seid oder gerade entscheidet, wie hart die Bestrafung sein soll. Es kann schwierig sein, ein Maß zu finden, das für beide Parteien akzeptabel ist. Das ist die Zeit, in der ihr auf einer kontinuierlichen Ebene kommunizieren solltet. Es kann sein, dass das, was du bei einer Gelegenheit oder bei vielen Gelegenheiten erotisch fandest, zu einem späteren Zeitpunkt nicht mehr wirklich etwas für dich tut oder dich sogar abstößt. Anstatt einen sexuellen Lebensstil aufzugeben, den ihr beide sehr erotisch fandet, solltet ihr darüber sprechen, wie ihr ihn beibehalten, aber anpassen wollt, wenn er sich weiterentwickelt.

Ihr könnt auch vereinbaren, dass es in Ordnung ist, während des Sexualakts zu sagen, was euch gefällt, vor allem in der Anfangsphase. Ihr seid vielleicht an die Ausdrucksweise des anderen gewöhnt, aber wählt sorgfältig aus, was ihr sagt und wie ihr es sagt; ihr wollt euren Partner nicht demoralisieren oder sein sexuelles Vertrauen untergraben. Effektive Kommunikation bedeutet, dass du frei bist, um das zu bitten, was du willst. Du bist zwar der Unterwürfige, aber in der Beziehung geht es darum, dass beide Seiten der Partnerschaft bekommen, was sie wollen. Sei nicht schüchtern. Dein Dom wird deinen Beitrag zu schätzen wissen, damit er nicht buchstäblich im Dunkeln tappt.

Es ist in Ordnung, über negative Gefühle zu sprechen, aber versuche nicht, daraus einen persönlichen Angriff zu machen. Es geht nicht um die Person, sondern um die Handlungen, und es ist viel einfacher, einen Aspekt des Verhaltens zu ändern, als zu versuchen, die Person selbst zu verändern. Andererseits hast du das Recht, von deinem Partner Respekt zu erwarten. Wenn er also versucht, dir mitzuteilen, dass er mit einigen Aspekten deines Verhaltens unzufrieden ist, sollte er das freundlich und respektvoll tun. Grausamkeit hat in einer Partnerschaft keinen Platz und zerstört letztendlich auch die stärksten Beziehungen.

Auch wenn die Natur einer Sub/Dom-Beziehung darauf hindeutet, dass es ein ungleiches Machtgleichgewicht geben kann, wird dieses nur durch ausführliche Verhandlungen erreicht. Hab keine Angst davor, der anderen Person genau mitzuteilen, was du dir von eurer Beziehung wünschst, sowohl emotional als auch körperlich. Wenn du das nicht tust, läufst du Gefahr, ein Leben nach den Bedingungen eines anderen zu führen, anstatt eines, das für beide Seiten befriedigend und lohnend ist, und das ist letztlich der Weg ins Verderben.

KAPITEL FÜNF

Ein Unterwürfiger sein

Trotz der Tatsache, dass du vielleicht ein echter Submissiver bist, gibt es immer noch bestimmte Eigenschaften, die du entwickeln musst, um ein großartiger Submissiver zu sein und dich in einer gesunden D/s-Beziehung zu befinden. In einer D/s-Beziehung geht es bereits darum, dem Dom die Kontrolle zu überlassen. Wenn du feststellst, dass du ein echter Submissiver bist, muss es ein gutes Gleichgewicht geben zwischen Unterwürfigkeit und dem, was du willst und nur was du willst.

Im folgenden Kapitel geht es um bestimmte Eigenschaften, die du brauchst, um ein gesunder, aktiver Sub in deiner Beziehung oder in deinem Spiel zu sein. Als Sub musst du dir darüber im Klaren sein, was das Wesentliche deiner Rolle ist und was du mitbringen solltest, wenn du eine BDSM-Beziehung eingehst.

Eine gesunde BDSM-Beziehung führen

Bestimmte Dinge sind in Beziehungen immer notwendig, aber es gibt bestimmte Besonderheiten, wenn es um eine BDSM-Beziehung geht, egal ob es sich um eine Beziehung im echten Leben handelt, die BDSM beinhaltet, oder um eine rein sexuelle BDSM-Vereinbarung. Ganz gleich, welche Art von Beziehung, sie erfordert von beiden Parteien eine gewisse Anstrengung.

Du und dein/e Dom müsst in der Lage sein, effektiv miteinander zu kommunizieren. Damit dein Dom die richtigen Dinge tun und die richtigen Entscheidungen treffen kann, musst du ihm deine Ansichten und Meinungen klar vermitteln und er muss sensibel genug sein, um zu verstehen, was du wirklich meinst. Ihr müsst beide bereit sein, euch anzustrengen, damit die Beziehung funktioniert und ihr euer Eintauchen und Spiel weiter verbessern könnt. Vergiss nicht, dass eine D/s-SM-Beziehung im Grunde dasselbe ist wie eine "normale" Beziehung - es sind die Reaktionen auf Konflikte, die klar definierten Rollen, die jede/r spielt, sowie die Betonung von Respekt und Zustimmung, die eine BDSM-Beziehung ausmachen.

Um ein guter Unterwürfiger zu sein...

- Solltest Du den klaren Wunsch haben, dich zu unterwerfen. Unterwürfig zu sein, bedeutet aber nicht, dass du gerne ein Fußabtreter bist, denn das kann nur zu missbräuchlichen Beziehungen führen, die

Schmerz und Leid verursachen. Ein guter Unterwürfiger zu sein bedeutet, dass du deine eigene Person bist und immer noch für dich selbst einstehen kannst; du möchtest nur die Kontrolle im Schlafzimmer oder (für manche) auch außerhalb abgeben, aber selbst dann nur an eine Person (oder Personen), die du auswählst, wobei die Parameter der Unterwerfung zwischen euch als Gleichberechtigte vereinbart werden.

- Du musst emotional stabil sein und dich in der Beziehung objektiv einschätzen können. Wie bereits erwähnt, können die Eigenschaften eines echten Unterwürfigen, vor allem wenn sie sich dessen nicht bewusst sind, eine leichte Beute für Menschen sein, die weniger als ehrenhafte Absichten haben und den Unterwürfigen in missbräuchliche und manipulative Beziehungen treiben können. Deshalb ist es wirklich wichtig, emotional stabil zu sein, bevor man sich auf BDSM oder speziell auf eine D/s-Beziehung einlässt. Geh nicht in die BDSM-Szene, weil du von einem fürstlichen Dom gerettet werden willst oder weil ein Dom durch dich Erlösung finden will. Nimm dir die Zeit, deine vergangenen Beziehungen Revue passieren zu lassen und denke daran, ehrlich zu dir selbst zu sein, wenn du versuchst zu beurteilen, was schief gelaufen ist. Wenn du nicht in der Lage bist, ehrlich zu dir selbst zu sein, wird es für dich noch schwieriger sein, eine Beziehung zu führen,

die Ehrlichkeit und Kommunikation
erfordert, wie es bei allen BDSM-
Beziehungen der Fall ist.

- Du solltest dich nicht scheuen, deinen Dom
um alles zu bitten, was du dir wünschst oder
von ihm brauchst. Obwohl du deinem Dom
die Kontrolle über überlässt, musst du dir
darüber im Klaren sein, dass er kein
Gedankenleser ist, der automatisch weiß,
was du willst und was dir fehlt. Deshalb ist
Kommunikation in BDSM-Beziehungen so
wichtig. Es ist eine große Hilfe für den Dom,
zu wissen, was du willst, und es kann ihm
helfen, deine Wünsche vorherzusehen,
anstatt dass du schmollst, wenn dein Dom
das Ziel verfehlt. Die Kommunikation
zwischen dir und deinem Dom sollte immer
offen sein, und du solltest dich nie
zurückhalten, wenn es darum geht, zu sagen,
was du auf dem Herzen hast, oder zu
verlangen, was du willst.

- Unterwerfung sollte deine ständige Wahl
sein. Ein/e Unterwürfige/r in einer
gesunden BDSM-Beziehung sollte das Recht
haben, zu wählen, was er/sie sich unterwirft,
und sich jeden Tag, jede Stunde und sogar
jede Minute zu unterwerfen, wenn es
passiert. Deine Reaktionen und dein
Gehorsam sind immer deine Wahl und du
solltest nicht das Gefühl haben, dass du zu
irgendetwas gezwungen wirst, auch wenn es
im Spiel so aussehen mag. Wenn du oft das

Gefühl hast, dass du zu Dingen gezwungen wirst, mit denen du dich nicht wohl fühlst und denen du nicht unbedingt zustimmst, dann ist es vielleicht an der Zeit, die Regeln und Parameter deiner Beziehung zu deinem Dom zu überdenken und sie sogar zu beenden, wenn du das für nötig hältst. Alle Beziehungen, auch BDSM, sind ein Geben und Nehmen, und was akzeptabel und inakzeptabel ist, sollte zwischen dir und deinem Dom klar definiert werden. Obwohl die oben genannten Charaktereigenschaften in der Regel ausreichen, um ein guter Unterwürfiger zu sein, solltest du dir darüber im Klaren sein, dass alle Beziehungen, genau wie alle Menschen, einzigartige Eigenschaften haben. Das Einzige, worauf du wirklich achten musst, ist, dass alles in eurem Spiel und eurer Beziehung sicher, gesund und einvernehmlich ist.

Es gibt verschiedene Rollen, die du als Unterwürfige/r einnehmen kannst. Welche Rolle du übernimmst, hängt von der Beziehung zu deinem Partner und von deiner eigenen Persönlichkeit ab. Nicht jeder Dominante wird sich in diesen Rollen wohlfühlen, aber deshalb solltet ihr miteinander reden, damit ihr etwas finden könnt, das für euch beide funktioniert.

Jede Art der Unterwerfung hat andere Parameter und es wäre gut, wenn du ein paar Grundkenntnisse darüber hättest, was die üblichen sind und was von solchen Spielen erwartet wird. Auch hier solltest du klar definierte Regeln und Vereinbarungen darüber treffen, was zwischen dir und deinem Dom akzeptabel ist.

Die Brat oder Göre

Der unterwürfige Charakter der Brat ist die am wenigsten verstandene Rolle im Repertoire des Unterwürfigen. Die Brat wird oft als generell gehorsamer Unterwürfiger charakterisiert, aber er nutzt Ungehorsam, Hänseleien und schlechtes Benehmen als Teil des D/s-Spiels, um Bestrafung, Aufmerksamkeit oder Disziplin vom Dom zu bekommen. Die Göre kann nur dann ein guter Teil der D/s-Dynamik sein, wenn sie ein anerkannter Teil des Spiels ist und nicht nur ein Sub, der schwierig ist.

Eine Göre in einer BDSM-Beziehung zu sein, die vom Dom nicht gebilligt wird oder mit der ein Dom nicht umgehen kann, ist kein Zeichen für eine echte Unterwürfigkeit. Es ist das, was oft als "Top from Bottom" bezeichnet wird, oder eine unterwürfige Person, die versucht, durch Manipulation die Kontrolle zu übernehmen. Das ist nicht fair und wird von der Gemeinschaft missbilligt. Wenn das Brat-Verhalten jedoch zu einem integralen Bestandteil der D/s- und BDSM-Dynamik geworden ist, dann muss diese Dynamik immer wieder neu bewertet werden. Wie viel Ungehorsam und in welchem Ausmaß er in der Beziehung toleriert wird, darüber müssen sich der Dom und der Sub einigen.

Der Sklave

Eine der bekannteren Formen von D/s ist die Master/Slave-Dynamik. Als Sklave oder Sklavin gibt der/die Sub die Kontrolle über jeden Aspekt seines/ihres Lebens ab. Sie können kein Eigentum besitzen oder irgendeine Entscheidung für sich selbst treffen. Sklavinnen und Sklaven, die eine Sklavenrolle annehmen, geben die Kontrolle oft auf unbestimmte Zeit, 24 Stunden am Tag, 7 Tage die Woche, an ihren Dom oder Master ab. Sklavin oder Sklave zu sein ist eine völlig neue Erfahrung und eine echte Entscheidung für den Lebensstil, auch wenn es Menschen gibt, die das Wasser ausprobieren. Diejenigen, die sich in einer Master/Sklaven-Beziehung befinden, können außerhalb des Hauses normal funktionieren und sofort zu ihrem BDSM-Spiel zurückkehren.

In dieser Beziehung können die Teilnehmer/innen ihre dunklen Begierden in vielerlei Hinsicht ausleben, z. B. in Form von Schmerz, Demütigung und sexueller Lust. Es ist jedoch wichtig, sich daran zu erinnern, dass ein Sklave sich dafür entscheidet, ein Sklave zu sein und niemals zu etwas gezwungen werden sollte, was er nicht will. Aus diesem Grund müssen sichere Worte und Signale klar sein und es müssen Parameter definiert werden.

Das Haustier

Die Pet-Submissive-Dynamik ist eine relativ einfache und unkomplizierte Dynamik, die eine gute Möglichkeit für einen Neuling in der BDSM-Szene ist, in die Unterwerfung einzusteigen. Das Haustier schlüpft oft in die Rolle eines geliebten tierischen Begleiters. Das ist ein weniger intensives Spiel, und ein unterwürfiges Haustier kann bei Bedarf in die Rolle schlüpfen und sie wechseln. Außerdem kann das Haustier ungehorsam sein und Unfug treiben. Das ist eine gute Möglichkeit für den Einstieg in BDSM. Der Dom übernimmt oft die Rolle des Besitzers, Trainers, Pflegers usw., während die Subs in der Regel in drei Hauptrollen schlüpfen: das Hündchen, das Kätzchen und die Ponys.

Kätzchenspiel bedeutet, dass der/die Unterwürfige bestimmte Katzeneigenschaften und sogar einen Hauch von Unabhängigkeit zeigt; beim Welpenspiel geht es um Verspieltheit, Unfug, Halsbänder und Leinen; beim Ponyspiel kann es um Reiten (oder zumindest simuliertes Reiten) und das Tragen von buntem Gefieder und Karren gehen. Obwohl es vorkommen kann, haben die meisten Spiele mit Haustieren keine sexuellen Auswirkungen. Das Vergnügen entsteht durch die Aufmerksamkeit und Kontrolle, die dein Dom dir schenkt.

Je länger du in eine unterwürfige Rolle eintauchst, desto stärker sollte dein Wille sein. Du musst dir sicher sein, wer du bist und was für dich akzeptabel ist. Es kann leicht sein, sich im Rollenspiel und in der Unterwerfung zu verlieren, aber denk daran, dass es immer noch deine Entscheidung und dein Körper ist.

Unterwürfig zu sein, bedeutet für jeden Menschen etwas anderes. Vielleicht hast du einen anstrengenden und stressigen Job, so dass es sich beim Sex gut anfühlt, deine Macht abzugeben und der anderen Person die Kontrolle zu überlassen. Es kann sein, dass du BDSM in unterschiedlichem Maße in dein Leben lässt, wie oben beschrieben, oder es kann bedeuten, dass du bestimmte

Zeiten und Orte vereinbarst, an denen es stattfinden soll. Es muss kein Vollzeitverhalten sein, das ihr ständig und in allen Bereichen eures Lebens auslebt. Oft verlassen Sub/Dom Beziehungen das Schlafzimmer nie, aber wahrscheinlich sind keine zwei Menschen gleich. Deshalb ist Kommunikation so wichtig, während ihr gemeinsam experimentiert, um einen Ort zu finden, an dem ihr beide glücklich seid.

Wir alle werden von Ereignissen und Erfahrungen geprägt, die oft aus unserer Kindheit stammen, und Dinge, von denen wir dachten, wir hätten sie längst hinter uns gelassen, tauchen oft Jahre später als Fantasie auf, die wir erforschen wollen. Du musst keine Psychoanalyse durchlaufen, um das Vergnügen zu genießen, das dir die Unterwerfung bereiten kann. Es kann enorm lohnend sein, denn es bedeutet, dass du das bekommst, was du sexuell willst. In einem offenen Gespräch mit deinem Partner könnt ihr gemeinsam entscheiden, an welchen Praktiken ihr teilnehmen wollt. Das sollte zu einem sehr angenehmen sexuellen Erlebnis für euch beide führen.

Eine unterwürfige Person zu sein, kann ein einfacher Weg zur Hingabe sein. Es gibt dir die Möglichkeit, deine Hemmungen loszulassen, weil die Rolle, die du spielst, vorschreibt, dass du es tust, weil dein Dom es dir befiehlt. Wenn ihr beide gute Rollenspieler seid, kann das zu ekstatischen Momenten führen, die du bisher nur in deinem Kopf erlebt hast. Natürlich entsteht die meiste sexuelle Lust bei Frauen im Kopf, daher passt das Rollenspiel sehr gut zu dieser Art von sexueller Aktivität.

Als Kinder wird uns oft eingeredet, dass Sex unanständig ist und nur innerhalb der Grenzen einer Ehe stattfinden sollte. Indem wir die Rolle des Unterwürfigen spielen, können wir das Element der Unanständigkeit nutzen, um einen zusätzlichen Kitzel zu erzeugen. Sex kann in der Tat sehr unanständig, aber auch schön sein.

Das Teilen dieser Art von Beziehung schafft auch mehr Intimität. Oft fühlt sich die Frau nicht hilflos, sondern eher wie eine Verführerin, der der Dom nicht widerstehen kann und die er sich nehmen muss, was er will, sogar mit Gewalt, wenn auch im Rollenspiel. Sie ist eine solche Femme fatale, dass er seine männlichen Neigungen nicht kontrollieren kann. Das kann auch für den Dom ermächtigend sein und seine Erregung stark steigern. Wenn der Dom das Gefühl hat, dass er alles tun darf, was vorher vereinbart wurde, wird er sich über diese Freiheit freuen, die ihn vielleicht dazu inspiriert, Dinge zu tun, für die er nie die Erlaubnis bekommen hätte. Gegenseitige Befriedigung ist ein starkes Gefühl, das auch auf andere Bereiche des gemeinsamen Lebens eines Paares übergreift und die Beziehung insgesamt verbessert. Wenn Menschen sexuell befriedigt sind, präsentieren sie sich mit größerer Wahrscheinlichkeit als glückliche und erfüllte Menschen, was bei anderen, die mit ihnen zu tun haben, gute Gefühle auslöst. Ein gutes Sexualleben ist also ein mächtiges und nützliches Werkzeug, um im Leben zufrieden zu sein. Es kann zu einer guten Gesundheit, vielleicht zu einer Beförderung im Beruf und zu gesunden Beziehungen mit anderen beitragen.

Natürlich muss darauf geachtet werden, nicht zu berechenbar zu werden, aber je mehr Sub/Dom praktiziert wird, desto mehr wird man sich bewusst, was jedem Partner gefällt. Der Dom muss eine gewisse Freiheit haben, um neue Dinge auszuprobieren, aber sie sollten sich innerhalb der vereinbarten Grenzen bewegen. Führe sichere Wörter ein, die eine gleitende Skala des Vergnügens anzeigen können, ähnlich wie ein Ampelsystem, bei dem Rot bedeutet, dass du jetzt aufhören sollst, Gelb bedeutet, dass du dich der Grenze näherst und Grün bedeutet, dass du weitermachen sollst. Diese Art von Beziehung bietet einem schüchternen Dom-Mann auch die Möglichkeit, im Schlafzimmer Macht auszuüben, die er in anderen Bereichen seines Lebens vielleicht nicht hat. Sie ermöglicht es dem Mann auch, Aspekte des Sex einzuführen, die vielleicht ganz spontan sind, aber die Unterwürfige hat immer noch die Macht, alles zu stoppen, was sie sich nicht zutraut. Sie bereichert seine Männlichkeit, was sich auch auf das sexuelle Erlebnis auswirken sollte. Ein gutes Sexualleben, in dem beide Partner Spannungen abbauen können, sollte auch bedeuten, dass die Beziehung weniger stressig und die Partnerschaft harmonischer ist.

Es kann jedoch sein, dass du beim Ausprobieren dieser Art von Sex oder Lebensstil feststellst, dass sie dir völlig fremd ist. Wenn du ein egoistischer Mensch bist, der es mag, wenn alles für ihn getan wird, und der normalerweise dominant und vielleicht sogar manipulativ ist, dann wird es eine große Veränderung deiner Persönlichkeitseigenschaften erfordern, um dominant zu werden. Manche Menschen bewegen sich mühelos von unten nach oben und drehen um. Manche Menschen versuchen nur, sich unterwürfig zu verhalten, z.B. für ein Wochenende oder eine Sexsession, und andere lehnen es ganz ab. Es liegt an dir, herauszufinden, welche Stufe du in dein Leben integrieren kannst, wenn überhaupt. Wenn du völlig gegensätzliche Eigenschaften hast, die sich nicht mit diesem Lebensstil vertragen, kann ein Partner, der ihn dir aufzwingen will, nur zu noch mehr Streit führen.

Sei bereit, dir einzugestehen, dass du vielleicht nie in der Lage sein wirst, ein devoter Mensch zu sein, aber sei bereit, es zumindest zu versuchen. Du solltest aber auch darauf vorbereitet sein, deinen Partner zu verlieren, wenn er eine starke Neigung zu dieser Art von Sex hat, du aber nicht bereit bist, es auszuprobieren. Es ohne Erklärung abzutun, erscheint unvernünftig und spiegelt genau das Verhalten wider, das bei deinem Partner das Bedürfnis danach auslösen könnte.

Wenn du jedoch der Meinung bist, dass es sich lohnt, an dir zu arbeiten, damit du die unerwünschten Charaktereigenschaften verlierst, die deine Leistung als erfolgreiche/r Untergebene/r behindern, könnte es sich lohnen, Hilfe in Anspruch zu nehmen. Manipulativ oder herrschsüchtig zu sein, sind keine attraktiven Facetten der Persönlichkeit eines Menschen und es könnte professionelle Hilfe erfordern, um sie zu beseitigen. Diese Eigenschaften sind wahrscheinlich tief verwurzelt und wenn du versuchst, sie in einer Sub/Dom-Beziehung auszuleben, werden sie das Ziel eher verfehlen. Diese Seite deiner Persönlichkeit zu erforschen, wird dich sehr ermutigen und dich wahrscheinlich von den Zwängen befreien, mit denen du vielleicht lange Zeit deines Erwachsenenlebens zu kämpfen hattest. Wenn du lernst, diese Spannungen mit jemandem, den du liebst, loszulassen und diese Freiheit in dein Sexualleben einzubringen, kann das eine sehr bereichernde Sache sein. In diesem Moment kommt deine Verletzlichkeit zum Vorschein, und wenn du anfängst, manipulativ und kontrollierend zu sein, und dieses Machtbedürfnis ablegst, ist das für deinen Dom unglaublich ermutigend. Selbst wenn sich diese Veränderung nur während des Sexes vollzieht, wird dein Dom mit Sicherheit den großen Unterschied bemerken und sich ermutigt fühlen, seine Rolle effektiv zu spielen und den Sex zu einem viel besseren Erlebnis für euch beide zu machen.

Wenn du jemanden hast, der so sehr an deinem Wohlergehen interessiert ist, ermutigt dich das, dich auch mehr um dich selbst zu kümmern. Dazu gehört zum Beispiel, dass du Kleidung trägst, die dir steht und deiner Farbe und Figur schmeichelt, dass du dich schminkst und einen guten Haarschnitt trägst. Es geht darum, dass du für deinen Dom besser aussehen willst und ihn stolz machst, dich als Partnerin zu haben. Natürlich sollten wir alle auf unsere Körperpflege achten und dafür sorgen, dass wir uns gesund ernähren und ausreichend bewegen, aber wir sind eher dazu geneigt, dies zu tun, wenn es jemanden gibt, dem unser Bestes am Herzen liegt, uns regelmäßig zu steigern und der uns sexuell dominieren will, weil das seine grundlegenden tierischen Instinkte so sehr anspricht.

Versuche dich daran zu erinnern, wie du dich gefühlt hast, als du eine neue Beziehung begonnen hast. Sexuelle Gedanken könnten dir unwillkürlich in den Sinn kommen. Du fühltest dich hochgradig sexualisiert und hast viel darüber fantasiert, was du mit deinem neuen Partner machen würdest. Die Beziehung gab dir das Gefühl, lebendig zu sein, und der Gedanke an Sex törnte dich so sehr an, dass du zu deinem Treffpunkt eiltest, um den Traum auszuleben. Nach und nach kann diese Erregung nachlassen, wenn du nicht neue Dinge ausprobierst. Eine Sub/Dom-Beziehung könnte die eine Sache sein, die du dich nie getraut hast, vorzuschlagen. Das kann vor allem dann der Fall sein, wenn ihr beide in hochrangigen Berufen tätig seid und aus den Augen verloren habt, was dem anderen sexuell gefällt. Vielleicht hast du dich sogar daran gewöhnt, die Führung zu übernehmen und beim Sex der Dom zu sein. Wenn du jetzt genug Selbstvertrauen hast, um dich bewusst dafür zu entscheiden, ein bisschen mit den Dingen zu spielen, könnte das ein entscheidender Moment in eurem Sexleben sein.

Vertraue deinem Partner, dass er sich um dich kümmert. Es ist kein Zeichen von Schwäche, wenn du willst, dass ein Mann sich um dich kümmert und für dich sorgt. Du erwiderst seine Zuneigung auf unterschiedliche Weise. Wenn du das Glück hattest, die Liebe deines Vaters oder einer Vaterfigur zu erfahren, als du jung warst, erinnerst du dich vielleicht daran, wie besonders und wertvoll du dich dabei gefühlt hast - natürlich auf eine nicht-sexuelle Weise. Wie schön wäre es, wenn du dieses zärtliche und warme Gefühl in deiner Partnerschaft mit deinem Partner als Erwachsener wiederfinden könntest, mit der zusätzlichen Dimension eines brillanten Sexlebens? Vielleicht ist das der Grund, warum so viele Frauen ihre Dominanten Daddy nennen und die Subs Baby oder einen anderen Namen, der genauso gut für ein Kind verwendet werden könnte.

Der Begriff "unterwürfig" bedeutet für jedes Paar, für jede Person etwas anderes, aber es ist Sache des Paares, durch Verhandlungen zu entscheiden, was es für sie bedeutet. Dictionary.com beschreibt unterwürfig als demütig gehorsam. Das bedeutet, dass du unter der regelmäßigen Kontrolle oder Herrschaft einer anderen Person stehst, und das nicht unbedingt mit deren Zustimmung. Es gibt auch einen Hinweis auf Missbrauch. Die Rolle des/der Unterwürfigen sollte keine Angst mit sich bringen. Es kann durchaus Schmerzen geben, aber nicht mehr, als der Untergebene zugestimmt hat. Wenn ein Dom sehr erfahren ist, weiß er, wie viel genug ist und sollte diese Grenzen nie überschreiten.

Wenn du dich entschieden hast, dass diese Art von Sex oder Lebensstil etwas für dich ist, musst du ihn nicht sofort in vollem Umfang akzeptieren. Fang langsam an und vereinbare dies mit deinem Partner. Das Wort "Partner" wird hier absichtlich verwendet. Sub/Dom-Beziehungen sind gleichberechtigt, weil beide Parteien genauso viel von der Beziehung profitieren wie die jeweils andere. Es ist normal, dass du am Anfang ängstlich bist, denn du musst dich erst einmal herantasten. Selbst wenn du einen sehr erfahrenen Partner hast, der dir zeigt, wo es lang geht, müsst ihr immer noch lernen, was der andere mag und dass ihr vielleicht ganz anders seid als in jeder anderen Beziehung, die er bisher erlebt hat. Hab also keine Angst, deine Meinung zu sagen. Du hast genauso ein Recht darauf, deine Erfahrungen zu genießen wie dein Partner.

Am Anfang ist es vielleicht nicht perfekt. Selbst Vanille-Sex ist selten einfach. Aber wenn du es schaffst, dich mit dem richtigen Partner auf die richtige Einstellung einzulassen, kann Sub/Dom-Sex einer der großartigsten, atemberaubendsten Sexsituationen sein, die du jemals erleben wirst. Wenn du deinen Partner bereits liebst und seinem Urteilsvermögen vertraust, ist dies nur ein kleiner Schritt, um euer gemeinsames Leben zu verbessern. Lass ihn die Entscheidungen ohne dein Zutun treffen. Du musst dich nicht in alles einmischen, also solltest du dich wohl fühlen, wenn du einen Teil deiner Kontrolle abgibst und ihm die alleinige Verantwortung überlässt. Vielleicht merkst du bald, dass er anfängt, traditionell männliche Züge anzunehmen, die die weiblichen ergänzen, die du entwickelst.

Weiblich zu sein, bedeutet nicht, dass du nicht gleichzeitig Feministin sein kannst. Eine weibliche Frau zu sein, macht eine Frau nicht weniger stark, als sie ohnehin schon ist, und sie kann genauso gut einen hochrangigen Job ausüben, ohne sich in irgendeiner Hinsicht geschmälert zu fühlen. Im Gegenteil, sie lässt ihre Weiblichkeit durchscheinen, weil sie selbstbewusst ist und sich nicht darum kümmert, was andere denken. Sie kennt sich selbst und mag, ja liebt sich sogar. Wenn die Person, die sie ist, nicht gut genug für jemanden ist, sieht sie das nicht als ihr Problem an. Sie nimmt ihre Weiblichkeit an und erlaubt sich, sich zu entspannen und Spaß zu haben: im Schlafzimmer und vielleicht auch darüber hinaus. Sie könnte ihrem Partner zum Beispiel erlauben, ihre Unterwäsche auszusuchen oder ihr zu sagen, welche Nagellackfarbe sie tragen soll. Wenn sie sich in ihrer sexy Unterwäsche im Spiegel sieht, erinnert sie sich daran, wie unwiderstehlich ihr Partner sie findet. Selbst das Berühren der Spitze ihres BHs oder Höschens erinnert sie daran, dass ihr Dom sie bald darin sehen wird und sie sich daran erinnern wird, wie sich das anfühlt. Sie fühlt sich geliebt und begehrt und das ist sicher keine schlechte Sache.

Zu lernen, wie man im und außerhalb des Schlafzimmers Spaß hat, sollte ganz oben auf der Liste der Prioritäten im Leben stehen. Ein Partner, der sich für deine sexuelle Freiheit einsetzt und nach denselben Regeln spielt wie du, ist eine hervorragende Möglichkeit, dich sexuell und als Mensch weiterzuentwickeln. Du wirst an Selbstvertrauen gewinnen, wenn du weißt, dass du dich nicht an die Vorstellungen anderer hältst, sondern dich an deinen eigenen orientierst. Du bist deine eigene Frau und weißt, wie du genau das bekommst, was du willst.

Es gibt keinen Grund, warum du Kritik von irgendjemandem annehmen solltest, sei es von anderen Frauen, Feministinnen oder den Medien. Du hast die Oberhand, weil du den Mut hast, etwas Neues auszuprobieren und über die Indoktrination hinauszugehen, mit der du vielleicht sehr erfolgreich gefüttert wurdest und die dich dein ganzes Leben lang kontrolliert hat. Diese Indoktrination hat dich in vielerlei Hinsicht zurückgehalten und wenn du dir die Kritik anderer anhörst, kaufst du dich nur wieder in die Sache ein. Lass die kritischen Menschen ihr Leben leben, aber lass sie nicht dein Leben leben.

KAPITEL SECHS

Missverständnisse über Unterwerfung

Es gibt viele Gründe, warum sich Menschen Dinge über Themen ausdenken, über die sie nichts wissen. Manchmal liegt es daran, dass sie falsche Informationen erhalten haben. Manchmal liegt es aber auch daran, dass sie ihre Informationen aus einer fiktiven Quelle beziehen und glauben, dass es die Wahrheit ist.

Es gibt viele Mythen, wenn es um Unterwerfung und Sklaven geht, zum Teil, weil die Menschen nicht richtig informiert sind, und zum Teil, weil sie es aus Büchern wie "Fifty Shades of Grey" erfahren. Es ist zwar nicht verkehrt, solche Bücher zu lesen, weil sie unterhaltsam sind. Aber nicht alles, was in diesen Büchern steht oder in den Filmen gezeigt wird, ist völlig korrekt.

In diesem Abschnitt erfährst du etwas über die Mythen, die sich nicht nur um die Unterwerfung, sondern auch um die Sklaven ranken.

- Sklaven sollten als Fußabtreter benutzt
  werden und sich nicht offen äußern dürfen.

In Wahrheit wird der Begriff Fußabtreter verwendet, um Sklaven zu verhöhnen. Im Grunde genommen lässt der Sklave zu, dass man auf ihm herumtrampelt und er seine eigenen Gedanken oder Meinungen nicht äußert. Es kann auch bedeuten, dass sie zwar eine eigene Meinung haben, diese aber nicht äußern.

Die meisten Sklaven sind nicht so. Die meisten Sklavinnen und Sklaven haben ihre eigenen Gedanken und Ideen und werden ihrem Herrn ihre Meinung sagen, damit sie einen gewissen Einfluss auf die Geschehnisse haben und der Herr auf diese Weise fundierte Entscheidungen darüber treffen kann, was passieren muss, damit nicht nur seine Sklavin oder sein Sklave, sondern auch ihre Beziehungen davon profitieren.

- Unterwürfige werden jedem blind
  gehorchen

Unterwürfige werden oft als Roboter oder Plätzchensklaven bezeichnet. Es gibt einige Ähnlichkeiten zwischen den Typen. Aber Unterwürfige sind Menschen und haben ihre eigenen Persönlichkeiten, Interessen und Verhaltensweisen. Nur weil sich jemand als unterwürfig bezeichnet, heißt das nicht, dass er seinen Charakter loswird.

Außerdem haben sie eine Beziehung zu einer Person (abhängig von den Regeln, die für diese Beziehung gelten) und befolgen nur die Befehle, die ihnen von dieser Person gegeben werden. Sie werden nur dann den Befehlen eines anderen Meisters folgen, wenn ihr eigener Meister ihnen sagt, dass sie dieser Person folgen sollen.

Aber sie können sich auch zu Wort melden und sagen, dass sie das nicht wollen, wenn sie glauben, dass sie geschädigt werden oder ihnen das, was passiert, nicht gefällt.

- Eine unterwürfige Person ist nur ein Missbrauchsopfer, das sich alles gefallen lässt, was man ihm auftischt.

Missbrauch ist real und manchmal gibt es Missbrauch, der von einem Meister an seinem Untergebenen begangen wird. Unterwürfige werden jedoch nur an einvernehmlichem und sicherem Sex teilnehmen. Wenn sie schon einmal missbraucht worden sind, ist das etwas, das zwischen dem/der Unterwürfigen und dem/der Dominanten geklärt werden muss. Eine unterwürfige Person sollte sich bei ihrem Dominanten sicher fühlen und wissen, dass sie nicht missbraucht wird. Das Ziel einer Beziehung, in der es um Unterwerfung geht, ist, dass beide Parteien gesund sind und ihre sexuellen Wünsche erfüllt bekommen.

- Unterwürfige sind emotional und geistig schwach

Manche Unterwürfige sind schwach. Die meisten Unterwürfigen sind jedoch geistig und emotional stark, weshalb sie in der Lage sind, mit ihren Doms zu kommunizieren und zu wissen, wo ihre Grenzen liegen. Es gibt einige ganz bestimmte Gründe, warum Unterwürfige stark sind.

- Sie überwinden das, was die Gesellschaft als eine gute Beziehung ansieht.

- Sie sind mit sich selbst im Reinen.

- Sie sind psychisch stark, weil sie ihrem Dom alle ihre Geheimnisse offenbaren müssen.

- Sie müssen die Kontrolle über sich selbst behalten, damit sie ihrem Partner das geben können, was sie bei der Gründung der Beziehung vereinbart haben.

- Wenn sie sich jemandem völlig hingeben, vertrauen sie darauf, dass diese Person sie nicht missbrauchen oder ihr Vertrauen missbrauchen wird.

- Sie müssen nicht nur ihre unterwürfige Beziehung aufrechterhalten, sondern auch ihr normales Leben.

All diese Punkte machen einen Sub stark, weil er Stärke, Mut und Engagement zeigt. Wenn jemand schwach ist, dann wird es eine Weile dauern, bis er diesen Punkt erreicht, denn er muss erst überwinden, was ihn in diesem Zustand hält.

* Alle Unterwürfigen sind Sklaven

Falsch! Es gibt unterwürfige Menschen und es gibt Sklaven. Aber sie sind nicht dasselbe. Es gibt verschiedene Arten von Unterwürfigen und Sklaven sind nur eine davon. Ein Unterwürfiger hat in der Regel etwas mehr Freiheiten als ein Sklave. In beiden Fällen handelt es sich jedoch um Menschen, die ihre eigenen Gedanken und Wünsche haben und in der Lage sind, für sich selbst zu sprechen, wenn ihnen das, was geschieht, nicht gefällt.

KAPITEL SIEBEN

Ausbildung und Bestrafung für Unterwürfige

Unterwürfige werden bestraft, ob sie es wollen oder nicht. Aber sie werden nicht wie ein Sklave geschlagen, es sei denn, der Dom und der Sub haben das so vereinbart.

Für einen unterwürfigen Menschen ist die Bestrafung ein Training, das ihn sanft in die richtige Richtung schubst, damit er das tut, was der Dom von ihm will, wenn er im Spiel ist. Aber nicht nur das, sondern sie hilft ihnen auch in ihrem Leben außerhalb des Spiels.

Die Bestrafungen, die ein/e Sub erhält, sind nicht so schlimm wie die, die ein/e Sklave/in erhalten könnte. Nur weil sie etwas falsch machen, bedeutet das nicht, dass sie hart bestraft werden. Ein Sub bekommt vielleicht eine Standpauke oder sogar ein paar Schläge mit der Peitsche auf den Hintern, wenn er etwas falsch macht. Aber ein Sklave wird viel härter bestraft, z. B. mit einem Gürtel oder indem er für eine unbestimmte Zeit in einen kleinen Raum ohne Essen und Wasser gesperrt wird.

Einige der Trainings/Bestrafungen, die ein/e Unterwürfige/r erhalten kann, sind:

Bedingtes Training: Das ist, wenn etwas in den Zustand gebracht wird, den die Person, die das Training durchführt, wünscht, damit es benutzt werden kann. Wenn also ein Mensch konditioniert wird, wird er so verändert, dass er die Bedürfnisse seines Herrschers erfüllen kann.

Verhaltenstraining verändert das Verhalten, das in bestimmten Umgebungen gezeigt wird. Du wirst belohnt, wenn du das Richtige tust, aber wenn du etwas tust, was dein Herrchen nicht will, wirst du bestraft.

Die Bestrafung hängt davon ab, was du getan hast, was deinem Dominanten nicht gefallen hat. Aber vergiss nicht, dass dein Dominanter dich nicht schlagen wird. Er wird dein Verhalten lediglich korrigieren und dafür sorgen, dass du dich daran erinnerst, was passiert, wenn du wieder etwas tust, was ihm nicht gefällt.

Klassische Konditionierung: Bei dieser Art von Training denkt man unwillkürlich an den Pawlowschen Hund. Wenn dein Herrchen eine bestimmte Handlung ausführt, z. B. mit dem Fuß tippt, weißt du, dass er bereit ist und dass du dich mit dem, was du tust, beeilen musst. Und wenn du dich nicht beeilst, wirst du bestraft.

Diese Art der Konditionierung hat auch eine Kehrseite. Es gibt auch positive Konditionierungen. Wenn zum Beispiel dein Lieblingspaar Schuhe neben dem Bett steht, weißt du, dass dein Chef dich zum Essen ausführen wird. Aber wenn du diese Schuhe siehst und er sie nicht rausgestellt hat, wirst du enttäuscht sein, dass du nicht zum Essen gehst, weil du die Schuhe gesehen hast.

Die operante Konditionierung ist das Belohnungs- und Bestrafungstraining. Immer wenn du etwas tust, was du tun sollst, bekommst du eine Belohnung. Wenn du aber etwas tust, was du nicht tun sollst, wirst du bestraft.

In den meisten Fällen wirst du in diese Kategorie fallen, auch wenn du es nicht willst. Du wirst mit deiner dominanten Person verschiedene Dinge besprechen wollen, die bestraft werden sollen, und einige Dinge, die du loslassen kannst, wie zum Beispiel die Art, wie du sprichst, oder die Körpersprache, die du verwendest, da es einige Dinge gibt, die du nicht kontrollieren kannst.

Positive Verstärkung ist etwas, das der/die Unterwürfige offensichtlich genießt, wie z.B. einen Orgasmus zu haben oder sein/ihr Lieblingsleckerli zu bekommen. Diese Verstärkungen werden jedoch nur gegeben, weil der/die Unterwürfige etwas getan hat, von dem er/sie weiß, dass er/sie es tun soll, wie z.B. jeden Abend nach dem Essen den Abwasch machen.

Negative *Verstärkung*

Der Stimulus, der das Verlangen ist, wird weggenommen. Das bedeutet nicht, dass der/die Unterwürfige immer bestraft wird, weil er/sie eine falsche Entscheidung getroffen hat, es bedeutet nur, dass der/die Dominante ihm/ihr ein schlechtes Gefühl als Belohnung für etwas Gutes nimmt. So muss der/die Unterwürfige vielleicht den ganzen Tag über einen Analplug tragen, bis er/sie nach Hause kommt. Ein Analstöpsel ist unangenehm und deshalb nicht unbedingt gut, aber auch nicht schlecht.

Bestrafun*g*

Bestrafung sollte nur dann erfolgen, wenn ein Verhalten entmutigt werden muss. Der Dominante sollte den Untergebenen niemals bestrafen, um ihm Angst einzujagen. Wenn das der Fall ist, ist die Beziehung zwischen dem Untergebenen und dem Dominanten nicht gut.

Positive *Bestrafung*

Der unterwürfigen Person wird ein Anreiz gegeben, der sie davon abhalten soll, ein bestimmtes Verhalten zu wiederholen. Wenn du also an den Brustwarzen einer unterwürfigen Person ziehst , weil sie etwas gesagt hat, was sie nicht sagen sollte. P.S.: Das funktioniert nur, wenn das Ziehen die unterwürfige Person nicht anmacht.

Negative *Bestrafung*

Der positive Anreiz wird für das unerwünschte Verhalten weggenommen. Ein gutes Beispiel dafür ist, dass das Lieblingsspielzeug der unterwürfigen Person für eine bestimmte Zeit weggenommen wird, die der Dominante vorgibt. Im Grunde ist es so, als hätte man als Teenager Hausarrest!

Diejenigen, die als Sklaven betrachtet werden oder sich in einer sklavereiähnlichen Beziehung befinden, werden mehr negative Verstärkung und negative Bestrafung erfahren. Denk daran, wie die Sklaven im

Süden behandelt wurden, bevor die Sklaverei abgeschafft wurde. Sie wurden geschlagen und grausam behandelt.

Ein Sklave oder eine Sklavin, der/die in einer schlechten Beziehung ist oder in einer sklavenähnlichen Situation lebt, die nicht sicher oder einvernehmlich ist, wird genauso behandelt werden. Sie werden nicht die Liebe und Fürsorge bekommen, die eine unterwürfige Beziehung mit sich bringt.

KAPITEL ACHT

Wenn Unterwerfung zur Sklaverei wird

Unterwerfung kann sehr schnell in Sklaverei umschlagen, wenn du nicht aufpasst. Die beste Definition, die ich für einen Unterwürfigen finden konnte, ist die, dass er sich entscheidet, sich seinem Dominanten zu unterwerfen.

Das ist das Schlüsselwort: Wahl.

Ein/e Unterwürfige/r wird nicht gezwungen, etwas zu tun; er/sie hat die Möglichkeit, sich aus dem Geschehen zurückzuziehen. Im Grunde hat er die Macht, Nein zu sagen.

Ein Sklave hingegen hat nicht die Möglichkeit, Nein zu sagen. Ein Sklave ist ein Mensch, der gezwungen wird, Dinge zu tun, auch wenn er nicht will.

Das ist nicht zu verwechseln mit einem Sklaven, der sich unterwirft. Das sind zwei verschiedene Dinge, denn auch als Sklavin oder Sklave kann sie oder er Nein sagen.

Ähnlich wie bei der Analogie, die vorhin verwendet wurde, werden Sklaven nicht als Menschen betrachtet, sondern als Eigentum. Unterwürfige Beziehungen können diesen Weg einschlagen, wenn der Dominante beginnt, dem Unterwürfigen das Recht zu nehmen, Nein zu sagen. An diesem Punkt solltest du mit dem Dominanten reden oder die Beziehung verlassen!

Manchmal bedeutet das Wort Sklave, dass du nicht mit dem einverstanden bist, was in der Beziehung geschieht, aber du wirst trotzdem dazu gezwungen, es zu tun. Diese Beziehungen sind giftig und können für die Person, die in der Sklavenposition ist, schädlich sein.

Eine Sache, auf die du achten solltest, ist, dass du, wenn du in diese Position gebracht wirst, Teil des Sexhandels werden könntest. Das bedeutet, dass dein "Dominanter" dich an eine andere Person verkauft, damit diese ebenfalls Sex mit dir haben kann. Und du hast kein Mitspracherecht, ob du mit dieser Person Sex haben willst oder nicht, denn das wird als Ungehorsam gegenüber deinem Dominanten gewertet und du wirst bestraft.

Wenn dir gesagt wird, dass du etwas tun musst oder dass du härter bestraft wirst als zuvor, solltest du versuchen, dich sofort in Sicherheit zu bringen. Es gibt Zeiten, in denen diese Beziehungen schlecht verlaufen sind und du dich schützen willst, bevor dir etwas Schlimmes passiert.

Das Wichtigste ist, dass du auf die Warnzeichen achtest und so schnell wie möglich aussteigst. Du kannst mit deinem Dominanten reden und ihn wissen lassen, dass er dir schadet, und versuchen, die Kommunikation zwischen dir und ihm offen zu halten, damit ihr versuchen könnt, die Beziehung zu retten. Wenn es jedoch zu Missbrauch kommt, ist die Wahrscheinlichkeit groß, dass er kein echter Dominanter ist und nur darauf aus ist, jemandem zu schaden, und dieser Jemand bist du. Zu diesem Zeitpunkt musst du die Beziehung vergessen und dich selbst retten.

KAPITEL NEUN

Kontrollfantasien

Diese Fantasien kommen oft, wenn man schläft, aber sie können jederzeit auftauchen. Es ist genau wie bei der Unterwerfung: Die Fantasie ist eine Möglichkeit, der Realität des eigenen Lebens zu entfliehen und sich in eine Welt zu versetzen, in der man umsorgt wird und das Geschehen genießt.

Aber was passiert, wenn die Fantasie Wirklichkeit wird?

Eine gute devote Beziehung zeichnet sich unter anderem dadurch aus, dass du dich öffnen und ehrlich über deine Fantasien sprechen kannst. Das bedeutet nicht immer, dass diese Fantasien auch in Erfüllung gehen, aber dein Dom kann dich überraschen und deine Fantasien in die Realität umsetzen.

Eine der häufigsten Kontrollfantasien ist, wenn eine Frau allein zu Hause ist, hilflos, und jemand in ihr Haus kommt und sie ausnutzt, auch wenn das bedeutet, dass sie gefesselt wird, damit sie sich nicht bewegen und ihn abwerfen kann.

Auch wenn nicht jeder diese Fantasie hat, so ist es doch ziemlich normal, die Fantasie des Fremden zu haben, weil es einen so erregt, wenn man daran denkt, mit jemandem Sex zu haben, den man nicht kennt und wahrscheinlich nie wieder sehen wird.

Der Aspekt der Fantasie kann dir auch viel über dich selbst verraten. Dein Gehirn gibt dir subtile Hinweise darauf, wer du bist und was du insgeheim magst und willst. Wenn du jemanden hast, der dir dabei hilft, diese Fantasien auf sichere und einvernehmliche Weise auszuleben, solltest du das ausnutzen, denn er wird dafür sorgen, dass du gut aufgehoben bist und dir kein Schaden zugefügt wird.

KAPITEL ZEHN

Deine Wünsche ausdrücken

Eine der besten Möglichkeiten, deine Wünsche gegenüber deiner dominanten Person zu äußern, ist die Verwendung von Ich-Aussagen. Wenn du deine Wünsche gegenüber deiner dominanten Person zum Ausdruck bringst, kannst du die Kommunikation mit ihr offen halten.

Wenn du nicht in der Lage bist, mit deinem Dom zu sprechen, musst du daran arbeiten, bevor du die Zeit nutzen kannst, um über deine Wünsche zu sprechen. Du solltest keine Angst davor haben, mit ihm über deine Wünsche zu sprechen, auch wenn sie nicht in Erfüllung gehen. Das Ziel ist, dass du in der Lage bist, mit deinem Dominanten zu sprechen, damit du ihm sagen kannst, was du dir von eurer Beziehung wünschst.

Der beste Weg, um den Druck von deinem Partner zu nehmen, sind die Ich-Aussagen, die wir besprochen haben. Sie lassen es so aussehen, als würdest du nicht erwarten, dass er es tut, aber du würdest dich freuen, wenn er es täte, weil es etwas ist, das du gerne hättest.

Eine andere Möglichkeit, deine Wünsche auszudrücken, ist es, kleine Hinweise zu hinterlassen.

Wenn du deinem Dominanten eine SMS schreibst, dann hinterlasse eine kleine Andeutung, die ihm sagt, was du dir wünschst. Du musst nicht direkt sagen, was du dir wünschst, wenn dein Dominant in der Lage ist, zwischen den Zeilen zu lesen und die Andeutungen, die du ihm machst, zu verstehen. Aber nicht jeder ist dazu in der Lage, also musst du vorsichtig sein, denn du willst deinen Chef nicht verärgern und es so weit kommen lassen, dass er sauer auf dich ist.

Schließlich hängt es von der Beziehung ab, die du mit deinem Dom hast, ob du in der Lage bist, deine Wünsche zu verwirklichen, indem du damit beginnst. Wenn es zum Beispiel dein Wunsch ist, am Strand Sex zu haben, dann würdest du mit der Planung beginnen und diesen Plan in die Tat umsetzen, indem du den Ausflug zum Strand planst. Aber wie gesagt, das solltest du nur tun, wenn es deinem dominanten Partner nichts ausmacht, dass du ohne seine Zustimmung Pläne schmiedest.

Egal, für welche Methode du dich entscheidest, am besten ist es, ehrlich zu deinem Dominanten zu sein und ihn wissen zu lassen, wenn du neue Wünsche oder überhaupt Wünsche hast. Das kann eine der Methoden sein, um die Kommunikation zwischen euch beiden zu verbessern, wenn ihr Probleme habt zu kommunizieren oder wenn ihr merkt, dass euch der Gesprächsstoff ausgeht.

Sei höflich und achte darauf, dass du dir die Wünsche deines Partners auch anhörst. Du willst sichergehen, dass auch seine Wünsche erfüllt werden, wenn er dafür sorgt, dass auch deine erfüllt werden. Auch als Unterwürfige/r bist du in der Lage, ihm zu dienen, und seine Wünsche zu erfüllen ist eine der besten Möglichkeiten, ihm zu dienen.

Gute Kommunikation ist hier natürlich der Schlüssel. Wenn du normalerweise im täglichen Umgang mit anderen Menschen gut kommunizierst, dann sollte dies nur einen winzigen Schritt entfernt sein. Aber wenn es um Sex geht, ist es den Menschen oft peinlich, offen darüber zu sprechen. Kein Wunder, dass sie kein befriedigendes Sexualleben haben und endlos Zeit damit verschwenden, darüber nachzudenken, wie sie das Thema ansprechen sollen. Es fängt wahrscheinlich damit an, dass du dich in deiner eigenen Haut wohlfühlst und weißt, was deinem Körper gut tut.

Die meisten von uns fangen mit Problemen an - Gepäck, das wir im Laufe der Zeit gesammelt haben, angefangen in unserer Kindheit. Diesen Ballast loszuwerden, ist manchmal keine leichte Aufgabe und die Verdrängung kann so groß sein, wie das Tabu, über Sex zu reden, im Haus war. Wie jede andere Errungenschaft erfordert auch diese Arbeit. Und oft fühlt es sich wie harte Arbeit an, ein schuldfreies, ungehemmtes und genussvolles Sexualleben zu führen. Wenn du diese Aufgabe teilst, wird die Last leichter und es kann auch noch Spaß machen.

Manchmal ist es ein bisschen so, als würden wir jemanden bitten, uns bei einem Juckreiz zu kratzen, an einem Punkt, den wir selbst nicht erreichen können. Wir müssen der anderen Person zeigen, wo sie kratzen soll: ein bisschen hoch, links, ein bisschen runter und dann, wenn sie es richtig macht, in den Himmel. Wenn du die andere Person bereits gut kennst, dann sollte es keine peinlichen Gefühle geben. Es ist ja nicht so, als würdest du die Person, die im Zug neben dir sitzt, fragen!

Selbst beim Vanille-Sex ist Kommunikation erforderlich, um das zu bekommen, was du willst. Oft sind die Menschen jedoch bereit, sich mit weniger als dem Besten zufrieden zu geben und das zu akzeptieren, was ihnen zur Verfügung steht, ohne zu versuchen, es zu verbessern. Das könnte einer der Hauptgründe für das Scheitern von Beziehungen sein: Die Menschen geben auf, es zu versuchen oder sich zu bemühen. Aber wenn du schon weißt, dass du für deinen Partner eine Sub sein willst, dann hast du schon einen weiten Weg zurückgelegt, um selbstbewusst genug in deiner Sexualität zu sein, um zu bekommen, was du willst. Gut für dich, dass du versuchst, eure Beziehung lebendig und dynamisch zu halten und dass du deinen Partner auf diese Reise mitnehmen willst. Jetzt musst du ihm nur noch davon erzählen.

Wo soll man anfangen? Sei dir sicher, dass du genau weißt, was du willst, bevor du mit deinem Partner darüber verhandelst, wie er dir helfen kann, es zu bekommen. Wenn du zumindest mit ihm darüber sprichst, was du haben musst, hat er vielleicht auch eigene Ideen. Vielleicht hat er selbst schon lange davon geträumt, hatte aber nicht den Mut, es dir gegenüber zu erwähnen. Vielleicht hat er gedacht, dass er damit andeuten wollte, dass du denkst, er würde dich als minderwertig betrachten. Nun, sobald ihr die erste Hürde genommen habt, könnt ihr beide anfangen, viel mehr Spaß zu haben, als ihr vielleicht jemals zuvor hattet.

Vielleicht fällt es dir leichter, wenn du ein paar Requisiten vorstellst, z.B. dass du Fifty Shades gesehen hast, und dann beiläufig erwähnst: "Das macht mich wirklich an. Ich glaube, ich würde es gerne ausprobieren." Damit hast du zumindest das Gespräch eröffnet und das sollte dich zu den Aspekten führen, die du unbedingt ausprobieren willst. Vielleicht stimmt ihr zu, es gleich auszuprobieren, und ihr stellt fest, dass es euch so gut gefallen hat, dass ihr es in euer Sexualleben einbaut, das dann vielleicht viel lebhafter und in kürzeren Abständen stattfindet. Es kann aber auch sein, dass dein Partner von deinem Vorschlag schockiert ist, vor allem, wenn euer Sexualleben bisher immer ziemlich vanillig gewesen ist. Wahrscheinlich ist es eine sichere Sache, sich sicher zu fühlen, dass er das überwinden kann.

Wenn du bereits die Phase erreicht hast, in der du merkst, dass du bereit bist, einige deiner lang gehegten Fantasien in die Tat umzusetzen, dann solltest du wissen, wie du sie in Worte und Taten fassen kannst. Sei dir erstens sicher, was du sagen und tun willst. Achte darauf, dass es nicht wie eine Kritik an deinem Partner klingt oder so, als wärst du unzufrieden mit dem, wie es schon ist. Du solltest dich stattdessen bemühen, es so klingen zu lassen, dass du mit ihm experimentieren willst und dass er alles haben kann, wenn du deine Fantasien auslebst. Konzentriere dich auf die Dinge, die dir bereits gefallen und vergiss die, die dir nicht gefallen.

Wenn du kannst, solltest du etwas Humor in dein Vorspiel einbauen. Am Anfang kommt ihr euch vielleicht beide ein bisschen albern vor. Um Fantasien in vollen Zügen genießen zu können, solltest du deine Fantasie aktivieren. Es reicht vielleicht schon, wenn du dich mit deinem Partner in diesem Moment befindest und sehr sexy Szenen auslebst, aber du kannst auch eine andere Fantasie parallel dazu laufen lassen. Manchmal hilft es Frauen, sich vorzustellen, dass sie mit anderen Männern zusammen sind oder sich sogar vorstellen, dass sie gegen ihren Willen zum Sex gezwungen werden. Es ist deine Fantasie, also gestalte sie so, wie es für dich am besten passt. Nichts in deinem Kopf ist tabu, solange es niemanden verletzt und du in Sicherheit bist. Das Teilen dieser Fantasien kann auch für deinen Partner sehr motivierend sein.

Ihr seid dabei, die Sexualität des anderen auf eine viel intimere und tiefere Weise zu erforschen, als ihr es bisher versucht habt. Seid vollkommen ehrlich, was eure Wünsche angeht. Wenn du dich etwas unbeholfen fühlst, ist das ganz normal, wenn ihr sexuelles Neuland betretet. Sag ihm, wie du dich fühlst und bitte ihn, dir zu erklären, was er auch möchte, denn du willst alles mit ihm teilen. Manchmal kann schon das Reden darüber, was du dir wünschst, ein erotisches Vorspiel für fantastischen Sex mit Hingabe sein.

Du kannst ihm den Weg erleichtern, indem du ihn in Szene setzt. Koche sein Lieblingsessen, zünde Kerzen an, rieche gut. Hab keine Angst davor, dich in einer Rolle zu kleiden und seine Fantasien zu bedienen. Sieh dir in Kapitel 5 die verschiedenen Typen von Unterwürfigen an und überprüfe, ob einer von ihnen deiner Fantasie entspricht. Du könntest vielleicht ein paar Geräte bereithalten, wie flauschige Handschellen oder ein Hundehalsband. Scheue dich nicht, dich sexy zu kleiden, um ihn in Stimmung zu bringen. Achte nur darauf, dass dies nicht der Abend ist, an dem er seinen Chef zu einem spontanen Abendessen nach Hause bringt.

Wenn du ihn in Stimmung gebracht hast, scheue dich nicht, deine Wünsche deutlich zu äußern und ihm genau zu sagen, was du willst. Achte darauf, dass er das vorher tut, denn wenn du die Rolle des Unterwürfigen spielst, willst du die Stimmung nicht verderben, indem du deinem Dominator Anweisungen gibst, was er tun soll; das würde das Ziel eher verfehlen. Wenn er jedoch die richtigen Bewegungen macht, gibst du auch die richtigen Geräusche von dir. Wenn du lustvoll stöhnst, weiß er, dass er alles richtig gemacht hat und dass es dir gefällt, wie er dich behandelt.

Um zu bekommen, was wir wollen, müssen wir lernen, uns selbst an die erste Stelle zu setzen. Das mag für eine unterwürfige Person, die ihrem Dom gefallen soll, widersprüchlich klingen. Um deinem Dom zu gefallen, musst du jedoch zuerst wissen, was dir als Unterwürfiger gefällt, also deinen eigenen Körper und deinen Geist kennenlernen. Wahrscheinlich weißt du schon ziemlich genau, was dich erregt, also gib dein Bestes, um deinen Dom daran teilhaben zu lassen, und anstatt ihn im Dunkeln tappen zu lassen, gib ihm ein paar Tipps, was du gerne ausprobieren würdest.

Manchmal können uns unsere eigenen Ängste davon abhalten, unsere Wünsche zu erfüllen. Was ist, wenn wir versuchen, unserem Dom mitzuteilen, was wir wollen, und er uns zurückweist oder sich über uns lustig macht? Was ist, wenn er es für verrückt hält und weggeht? Oft sind es unsere eigenen Ängste, die uns zurückhalten, weil wir Angst haben, aus unserer Komfortzone

herauszutreten und unseren sicheren Ort zu riskieren -
der vielleicht langweilig ist und sowieso nicht das ist, was
wir wollen - für etwas, das einen Schritt zu weit gehen
könnte.

Wenn das der Fall ist, versuche zu sagen, warum du
das willst, was du verlangst. Sag zum Beispiel, dass du
Fantasien hast, an die du immer wieder denken musst,
und beschreibe sie dann. Die meisten Männer würden
das begrüßen, aber du wirst es erst wissen, wenn du es
ausprobierst. Zumindest eröffnet das einen Dialog, aber
sei auf eine Vielzahl von Reaktionen vorbereitet. Wenn
er nicht geahnt hat, dass du dich so fühlst, könnte er
zumindest ein bisschen schockiert sein. Hoffentlich
entwickelt sich daraus eine ungezügelte Ekstase, bevor
du es merkst.

Konzentriere dich auf das Positive, also anstatt etwas
zu sagen wie: "Ich möchte, dass du aufhörst, XYZ....".
würdest du sagen: "Ich möchte, dass wir ABC
ausprobieren". Wenn du negative Aussagen verwendest,
wird sich dein Dom wahrscheinlich unzulänglich fühlen.
Mache eine Aussage über dich und sei informativ, anstatt
eine negative und tadelnde Aussage zu machen.

Sexuell selbstbewusst zu sein, hilft dir, deine Wünsche
auszudrücken. Dazu gehört natürlich auch, dass du dich
deines Körpers sicher fühlst. Es geht nicht darum, super
durchtrainiert oder dünn zu sein. Es geht darum, dass du
dich in deiner Haut wohl fühlst und stolz darauf bist, wie
du aussiehst. Dieses Selbstbewusstsein zeigt sich darin,
wie du gehst und wie du dich hältst. Trage die Kleidung,
in der du dich sexy fühlst, und das ist bei jedem
Menschen anders. Natürliches Selbstbewusstsein strahlt

aus und ist unglaublich attraktiv. Wenn du dieses Selbstbewusstsein noch nicht spürst, dann arbeite daran.

Allgemeines Selbstvertrauen erlangst du, indem du Dinge tust, die du lernst, gut zu machen und bei denen du dich gut fühlst. Sexuelles Selbstvertrauen ist das Wissen, dass du deinem Dom und dir selbst Freude bereitest. Übertrage die Verantwortung auf ihn. Wenn du dich wohl fühlst, kannst du ihn um Anweisungen bitten, um das zu tun, was dein Dom will - das kann erotisch sein, vorausgesetzt, du bittest nicht ständig um Anweisungen.

Wenn er zum Beispiel gerne Oralsex hat (welcher Mann hat das nicht?), dann tu so, als würdest du es wirklich genießen - und das solltest du auch. Versuche nicht, ihm etwas vorzumachen, sonst wird das leicht auffallen. Frage ihn, ob du es richtig machst und bitte ihn, dir zu sagen, wie du es besser machen kannst. Um die gleiche Behandlung von ihm zu bekommen, versuche weiterhin deine Leistung zu verbessern, um ihn zufrieden zu stellen. Das ist die Aufgabe des/der Unterwürfigen. Indem du um Anweisungen bittest, verbalisierst du sexuelle Fragen und gewöhnst dich daran, Sex-Talk zu benutzen, um eure sexuelle Partnerschaft zu verbessern. Wenn du dich daran gewöhnst, über sexuelle Handlungen zu sprechen und darüber, was du tun sollst, wirst du dich auch viel entspannter fühlen, wenn du nach dem fragst, was du sexuell willst.

Wenn du selbst nicht verstehst, warum du dich gehemmt fühlst, versuche, das bestimmte Szenario, das dich in Verlegenheit gebracht hat, aufzuschreiben. Lies es dir dann noch einmal vor. Ergibt es einen Sinn für dich? Ist es rational? Vielleicht ist es etwas, das in deiner Kindheit passiert ist, das völlig unlogisch ist, aber dazu beigetragen hat, deine sexuelle Psyche zu prägen? Wenn du von deinem Dom verlangst, dass er das durchschaut, obwohl du es selbst nicht verstehst, verlangst du vielleicht von ihm, dass er sich mit einer unvernünftigen Situation auseinandersetzt. Versuche, es selbst zu verarbeiten, oder erkläre deinem Dom deine Gedanken und Ängste. Vielleicht kann er deine Sorgen erhellen und ausräumen und damit den Weg für mehr Aufregung frei machen.

Und natürlich solltest du deinen eigenen Körper schon sehr gut kennen. Was fühlt sich gut an? Reagiert dein Körper eher auf bestimmte Bereiche, vielleicht auf solche, die nicht sofort offensichtlich sind? Wenn du nicht weißt, was dir gut tut, wird es schwieriger sein, es deinem Partner mitzuteilen.

Du solltest versuchen, dich bei allen sexuellen Dingen zu entspannen, also lies erotische Romane, schau dir sexy Filme oder sogar Pornos an. Finde heraus, welche Art von Sex deine Fantasien erfüllt und bitte deinen Dom, sie nachzustellen.

Frauen phantasieren oft darüber, vergewaltigt zu werden. Das kann bedeuten, dass sie von ihrem Partner gewaltsam entführt werden oder dass sie sich ihren Partner als jemand anderen vorstellen. Vergewaltigung mag oberflächlich betrachtet eine unnatürliche Fantasie sein, aber sie nimmt der Frau die Verantwortung für den sexuellen Akt ab. Und es ist außerordentlich schmeichelhaft, sich vorzustellen, dass ihr Liebhaber sie so sehr braucht, dass er sie gegen ihren Willen nehmen muss, sollte sie sich ihm widersetzen. Das ist wahrscheinlich der Punkt, an dem sich die ganze Idee von BDSM entwickelt hat.

Wenn du deinem Dom mitteilen willst, was du willst, achte darauf, wie du es formulierst. Es sollte keine Aussage darüber sein, was du dir wünschst, denn das erfordert keine Handlung deines Doms. Du musst deine Wünsche so formulieren, dass er keinen Zweifel daran hat, was du dir wünschst. Der Unterschied ist also zwischen "Ich stelle mir manchmal vor, dass du mir den Hintern versohlst", was ihn im Unklaren darüber lässt, ob du wirklich willst, dass er es tut. Lass ihn keinen Zweifel daran, dass du willst, dass er etwas tut, indem du sagst: "Würdest du mir den Hintern versohlen? Das fände ich so erotisch und würde mich so anmachen?" Du kannst das im Alltag üben, also anstatt zu sagen: "Ich hätte gerne mehr Salz", sag: "Bitte reich mir das Salz". So einfach ist das. Sag genau, was du willst, und sag es als Bitte, nicht als Feststellung.

Oft verpassen wir das, was wir wollen, weil wir unsere Bedürfnisse nicht mitteilen. Wir gehen davon aus, dass unser/e Liebhaber/in instinktiv weiß, was wir wollen, und sind dann enttäuscht, wenn wir nicht bekommen, was wir wollen. Gehe nie davon aus, dass er deine Wünsche kennt. Je konkreter und kommunikativer du bist, desto wahrscheinlicher ist es, dass du bekommst, was du dir wünschst.

KAPITEL ELF

Loslassen und deine Sinne ausschalten

Eines der schwierigsten Dinge, die jemand tun kann, ist loszulassen und jemandem die vollständige Kontrolle zu überlassen, aber als Unterwürfige/r wird das von dir verlangt werden.

Um alles loszulassen, musst du alle deine Gedanken loslassen, damit sie dein Leben in diesem Moment nicht mehr kontrollieren können. Wenn du in der Lage bist, deinen Gedankenprozess abzuschalten, kannst du auch andere Sinne ausschalten, die dich daran hindern, die Zeit mit deinem Partner zu genießen.

Es wird nicht einfach sein. Aber mit ein bisschen Übung wird es dir gelingen. Du kannst meditieren, bevor du mit deinem dominanten Rollenspiel beginnst, um deinen Körper zu entspannen und deinen Geist abzuschalten.

Das kann auch helfen, wenn du in deiner früheren Beziehung oder mit einer anderen Person, der du vertraust, Missbrauch erlebt hast und du diesen Teil deines Lebens abschalten musst, weil du nicht willst, dass er deine Zeit mit deinem Dom beeinträchtigt.

Wenn du in deiner Vergangenheit missbraucht wurdest, musst du diese Erinnerungen verdrängen, damit du sie loslassen und die Gefühle abschalten kannst, die du in Bezug auf diese Situation hast.

Wenn es unbedingt sein muss, wirst du vielleicht feststellen, dass es am besten ist, eine Therapie zu machen, damit du an deinen Problemen arbeiten kannst. Du solltest dich damit befassen, wenn dein dominanter Partner es zulässt. Nicht nur das, er wird dich auch dazu drängen, deine Vergangenheit zu bewältigen, um dich zu einem besseren Menschen zu machen. Eine Therapie wäre der Ort, an dem er erfahren könnte, was mit dir passiert ist, falls er es nicht weiß und du nicht mit ihm darüber reden kannst.

Hier sind ein paar Möglichkeiten, wie du deine Gedanken kontrollieren kannst und nicht zulässt, dass sie dich kontrollieren.

- **Stopp:** Denke daran, dass du die Kontrolle hast. Wann immer dir Gedanken in den Sinn kommen, die du loswerden musst, weil sie sich zwischen dich und deinen Partner stellen, sag dir, dass du aufhören sollst. Dieser direkte Befehl wird das Verhalten unterbrechen, denn dein Verstand muss erst einmal darüber nachdenken, was gerade passiert ist und das verarbeiten, was dazu führt, dass deine Gedanken in eine andere Richtung gehen.

- **Tauschen:** Verändere deinen Gedankenprozess, indem du den Gedanken gegen eine andere Idee austauscht.

- **Speichern und teilen:** Halte deine Gedanken an und speichere sie für eine spätere Neubewertung. Das ist der Zeitpunkt, an dem du mit deinem Beherrscher oder deinem Therapeuten über die Gedanken sprichst, damit du versuchen kannst, sie zu überwinden.

- **Wechsle:** Wenn möglich, wechsle die Tätigkeit, die du gerade ausübst, wenn der Gedanke in deinem Kopf auftaucht. Wenn du fernsiehst und die Gedanken dabei auftauchen, wirst du aufstehen und dich mit etwas anderem beschäftigen wollen.

- **Schreibe:** Schreibe die Gedanken auf, die dir kommen, und versuche herauszufinden, warum du diese Gedanken hast. Sprich mit deinem Beherrscher darüber und frage ihn, ob er dir helfen kann, herauszufinden, warum du diese Gedanken hast und wie du sie ändern kannst, damit sie dein Leben oder deine Beziehung nicht mehr beeinträchtigen.

KAPITEL ZWÖLF

Die Kontrolle haben, wenn du sie nicht hast

Als Unterwürfige/r gibst du die Kontrolle an eine andere Person ab. Das kann geradezu beängstigend sein. Manchen Unterwürfigen wird jedoch erst später beigebracht, dass sie zwar nicht die Kontrolle haben, aber dass sie diejenige sind, die die volle Kontrolle hat.

Der/die Unterwürfige in der Beziehung ist der/diejenige, der/die das letzte Wort darüber hat, ob etwas passiert oder nicht. Und nicht nur das: Er oder sie ist auch derjenige, der die Szene beendet, wenn er oder sie sich mit dem, was passiert, unwohl fühlt. Das ist etwas, was viele Menschen nicht erkennen und warum Unterwerfung so ein Tabu ist.

Eine unterwürfige Person zu sein, bedeutet nicht nur, die Kontrolle loszulassen, sondern auch, die vollständige Kontrolle zu haben.

Hier sind ein paar Möglichkeiten, wie du die unmittelbare Situation als Untergebener kontrollieren kannst.

- Beruhige dich. Wenn du merkst, dass deine Gefühle überhand nehmen, musst du dich erst einmal beruhigen, bevor du mit der Situation weitermachst. Wenn du also mitten in einer Szene steckst, solltest du sie beenden und dir erlauben, wegzugehen, damit du nichts tust oder sagst, was deine Dominanz verletzen könnte. Du solltest mehrere Male tief einatmen und langsam ausatmen und mit dem Sprechen warten, damit du kontrollieren kannst, was du sagst.

- Mach dir klar, was zu tun ist: Bist du mitten in einer Szene und musst aufhören, weil du dich unwohl fühlst? Geh einen Schritt zurück und überlege dir, wie du die Szene wieder aufnehmen kannst oder wie du deinen Partner ansprichst, damit er versteht, was passiert ist.

- Fühle deine Gefühle: Du darfst Gefühle haben und musst diese Gefühle akzeptieren. Wenn du merkst, dass deine Gefühle zu sehr überhand nehmen, musst du mit jemandem darüber reden, damit du sie nicht unterdrückst. Wenn du deine Gefühle unterdrückst, kannst du dir Herzprobleme oder andere schwere gesundheitliche Probleme einhandeln, die dich für den Rest deines Lebens beeinträchtigen werden.

- Lass das Negative los: Wie wir bereits besprochen haben, kontrolliert dein Kopf fast jeden Aspekt deines Lebens. Du musst

alle negativen Gefühle loslassen, damit du
nicht zulässt, dass sie dich kontrollieren. Im
vorigen Kapitel haben wir besprochen, wie
du dir selbst helfen kannst, deine Wünsche
auszudrücken, was dir auch bei deiner
Kommunikationsfähigkeit helfen wird.

Es ist leicht vorstellbar, dass du keinen Einfluss mehr auf
Entscheidungen oder Ereignisse hast, wenn du dich
bereit erklärst, die Kontrolle über die Sexualität
abzugeben. Wenn du jedoch die Grundlagen richtig
gelegt hast, ist das überhaupt nicht der Fall. Was die
moderne, befreite Frau oft nicht versteht, ist, dass sie die
Macht hat und schon immer die Macht hatte. Sie weiß nur
nicht immer, wie sie sie nutzen soll.

Um noch einmal auf die 1950er Jahre anzuspielen:
Frauen wurden indoktriniert, dass sie ins Haus
zurückkehren und die gehorsame und liebende Ehefrau
und Mutter spielen sollten. Sie wurde nicht mehr in der
Arbeitswelt gebraucht und musste ihrem Mann Platz
machen, damit er nach seiner Rückkehr aus dem Krieg
seinen Platz wieder einnehmen konnte. Nicht lange
zuvor war sie dazu aufgerufen worden, die Lücken in der
Industrie und im Handel zu schließen, die durch die
Soldaten entstanden waren, die nun zu den Waffen
greifen mussten, um ihr Land zu verteidigen.

Wenn wir bedenken, wie schwierig das gewesen sein
muss, selbst wenn man bedenkt, dass das Los der Frau
nicht einfach war, weil es keine modernen
Annehmlichkeiten gab, die das Leben erleichterten,
waren die Frauen dennoch davon überzeugt, dass dies
ihre Pflicht war. Die Regierung drängte sie mit Hilfe der

gewaltigen Macht der Medien, dass ihr Platz im Haus sei. Viele Frauen müssen sehr dankbar gewesen sein, dass sie aus der Fabrik ausziehen und den Männern ihren Platz überlassen konnten. In dieser Zeit musste eine Frau nicht nur einen harten Arbeitstag außerhalb des Hauses verbringen, sondern auch nach Hause gehen und all die Arbeit verrichten, die vor dem Krieg immer von ihr erwartet wurde.

In den 1960er Jahren kamen neue Haushaltsgeräte in die Haushalte, die den Frauen bei der täglichen Arbeit helfen sollten. Vielleicht sollte damit die Veränderung der Rolle der Frau ohne ihre Zustimmung abgemildert werden. Außerdem wurde die Antibabypille eingeführt, die den Frauen sexuelle Freiheit bot und sie vor die wichtige Entscheidung stellte, wann sie Kinder bekommen wollten und ob sie überhaupt Kinder bekommen sollten. Wieder einmal stand die Wahl offen, ob sie eine Karriere anstreben wollten, und viele entschieden sich dafür, weil sie sich für emanzipiert hielten und der Meinung waren, dass Männer schnell überflüssig wurden.

Natürlich sind die Gehälter zwischen den Geschlechtern immer noch ungleich, aber parallel dazu gab es immer mehr weibliche Führungskräfte in der Welt und in anderen Machtpositionen. In den 1970er Jahren hatte sich der Wirtschaftsmarkt also erweitert und konnte mehr Frauen aufnehmen, wenn auch hauptsächlich in schlecht bezahlten und Teilzeitjobs. In den 1980er und vor allem in den 1990er Jahren begann die Technologie die Industrie zu erobern. Computer übernahmen die Arbeit von Millionen von Menschen, und ihre Zahl steigt noch heute. Die Lücken auf dem

Arbeitsmarkt bestanden in Dienstleistungsbereichen wie dem Gastgewerbe, dem Finanzwesen, dem Pflegesektor usw., wo Frauen eine natürliche Begabung zu haben schienen. Doch während immer mehr Frauen für die Gleichstellung mit den Männern am Arbeitsplatz kämpften, blieb die Hausarbeit weiterhin hauptsächlich Frauensache.

Wenn eine Frau selbstbewusst war und sich nicht scheute, ihre weiblichen Reize einzusetzen, konnte sie einen Mann am leichtesten dazu überreden, ihr zu helfen und die Aufgaben zu teilen, die sie vielleicht als unangenehm oder langweilig empfand. Im Gegenzug könnte sie ihm sein Lieblingsessen kochen oder sie könnten sich verkleiden und gemeinsam zu einem romantischen Essen gehen. Sex wurde in der Vergangenheit schon immer als Druckmittel zwischen den Geschlechtern eingesetzt, wenn auch nicht offen, so doch zumindest in stiller Übereinkunft. Da immer mehr Männer auf dem Arbeitsmarkt arbeitslos werden, könnte man meinen, dass ihre Entmannung nur noch einen kleinen Schritt entfernt ist. Wie viel besser kann es sein, einem Mann das Gefühl zu geben, ein traditioneller Riese zu sein, und ihn davon zu überzeugen, dass du willst, dass er das Kommando übernimmt, dass er der Boss ist? Während er den willigen Meister spielt, ist es für dich so einfach, die ebenso willige Unterwürfige zu spielen.

Während er dich mit Geschenken überhäuft und seinen Wunsch zum Ausdruck bringt, dich als seine geschätzte Sexgöttin zu behandeln, kannst du ihm genau sagen, was du im und außerhalb des Schlafzimmers willst.

Zu viele Frauen erkennen nicht die Macht, die sie bereits haben, und scheinen diese gerne zu verschenken, um offen als gleichberechtigt anerkannt zu werden. Keine Frau würde wohl behaupten, dass die Ungleichheit zwischen den Geschlechtern etwas Schlechtes ist, aber es sollte nichts Falsches daran sein, einen Unterschied zwischen den Geschlechtern zu feiern. Wenn es keine Unterschiede gäbe, würde es sicherlich viel weniger Spaß machen. Beide Geschlechter verlieren diesen Unterschied oft aus den Augen, und während die Trommel für die Rechte der Frauen schlägt, scheint es, als ob der Lärm manchmal den wahren Klang des Fortschritts in diesen Fragen übertönt.

Das soll nicht heißen, dass Männer Frauen als Sexobjekte benutzen und offen abfällige und anzügliche Bemerkungen über sie machen. Oder ihre Körper unaufgefordert und nach Belieben anfassen. Tatsächlich gab es in letzter Zeit eine heftige Peitschenhieb-Reaktion von Frauen für eine solche Behandlung in der Vergangenheit und die Karrieren von Männern wurden dadurch ruiniert. Das ist sicherlich eine Bestätigung dafür, wie sehr die Geschlechter damit zu kämpfen haben, sich in einer Welt zurechtzufinden, die sich in ihrem sexuellen Kontext ständig weiterentwickelt. Was vor zwanzig, dreißig oder vierzig Jahren noch akzeptiert wurde, ist heute tabu. Männer genossen die Situation und Frauen tolerierten sie, nutzten sie sogar, um zu bekommen, was sie wollten. Jetzt hat sich die Welt so schnell verändert, dass die Frauen versuchen, sich den Respekt zurückzuholen, den sie damals hätten einfordern sollen, und die Männer, die für dieses Verhalten verantwortlich sind, stehen ratlos und verwirrt da. Das unterstreicht nur, dass derjenige, der die Macht innehat, sie sorgfältig und überlegt ausüben sollte, denn sie kann sehr leicht missbraucht werden.

Während die Arbeitsbelastung, der Stress und das Gehaltspaket der Frauen zunahmen, schienen sie gleichzeitig ihre Fähigkeit zu verringern, das Leben zu genießen, einschließlich Sex. Ihre neuen Rollen brachten neue Hemmungen und Einschränkungen mit sich. Sie sind zu müde, zu überarbeitet usw. usw. und so sehr damit beschäftigt, ihr Leben zu verbessern, dass sie nicht merken, welche Opfer sie dafür bringen. Die Grenzen verschwimmen immer mehr und die Frauen streben danach, viel mehr zu haben, als sie bereits haben.

Vielleicht sollten wir alle einen Schritt zurücktreten und neu bewerten, wie die Rollen zwischen den Geschlechtern aus dem Gleichgewicht geraten sind. Frauen sollten froh sein, Frauen zu sein, und erkennen, dass sie die Macht haben, die Welt zu verändern, und dazu müssen sie vielleicht ihre Stärken ausspielen: Weiblichkeit und nochmal Weiblichkeit. Aber sie müssen auch respektiert werden, sonst wird die Macht verschwendet und geht verloren. Das gilt besonders in einer intimen und liebevollen Beziehung. Die Unterwürfige sollte daran denken, dass ihr Dominanter ihr gefallen will. Wenn sie (aufrichtig) vor Erregung hechelt, wenn er das tut, was sie will, und sie ihm zeigt, dass sie seine Bemühungen zu schätzen weiß, und ihm sagt, wie sehr sie es liebt, wäre das dann nicht der vernünftige Weg, wenn beide Parteien sexuell zufrieden sind? Das könnte so einfach sein, wie wenn die Frau sagt: "Ich liebe es, wenn du die Kontrolle übernimmst. Ich möchte, dass du mein Meister bist und mir den Hintern versohlst, bis ich genau das tue, was du willst."

Das erfordert natürlich weitere Diskussionen, denn es muss genau festgelegt werden, was du als unterwürfige Person willst. Aber wenn ihr vorher genug diskutiert habt, ist das wahrscheinlich nur der Anfang. Das Rollenspiel kann sich auf das Schlafzimmer beschränken oder sich auf andere Bereiche eures gemeinsamen Lebens ausdehnen. Vielleicht bist du die Art von Mensch, die es liebt, sich in allen Bereichen um ihren Dominator zu kümmern. Du könntest also derjenige sein, der sich um den Haushalt kümmert, kocht, einen Job hat und vielleicht die Hauptrolle in der Kinderbetreuung spielt.

Oder du bist sexuell der Unterwürfige, aber der Dominante kümmert sich um den Haushalt oder die Kinderbetreuung. Du könntest erleichtert sein, den Stress loszuwerden, den die Sorge um die Finanzen auslöst. Lass die Dominante das Sagen haben. Ihr könnt immer noch ein wöchentliches oder monatliches Taschengeld aushandeln, das dich davon befreit, dafür zu sorgen, dass genug übrig bleibt, um Rechnungen zu bezahlen. Lass den Dominator die besten Angebote für Urlaube, Hypotheken und Kredite heraussuchen. Und dann lehne dich zurück und genieße die Vorteile. Natürlich sollte dies nur auf dem Verhandlungsweg geschehen; Kommunikation ist immer das A und O. Und das ist der wichtigste Teil von allem, also nimm den Verhandlungsteil nie auf die leichte Schulter oder ignoriere diesen Schritt, denn hier kann die unterwürfige Person ihre Bedingungen festlegen. Sie erklärt sich damit einverstanden, dass sie missbraucht oder auf eine Art und Weise behandelt wird, die der Dom für angemessen hält. Das ist der Zeitpunkt, an dem Missverständnisse auftreten und der Spaß verloren geht.

Schreibe sie auf, wenn du sie formalisieren willst und damit du dich darauf beziehen kannst. Diese Art von Beziehung ist wahrscheinlich ein ständiges Gesprächsthema, bei dem es darum geht, die Bedingungen der sexuellen Beziehung im Laufe der Zeit anzupassen. Jede Vereinbarung sollte jedoch ein gewisses Maß an Spontanität zulassen, sonst wird sie so vorhersehbar, wie es beim Vanilla Sex der Fall ist. Die Bedingungen des Vertrags können recht locker sein und zum Beispiel Punkte wie "Kein Auspeitschen" oder "Kein Knebeln" enthalten. Es ist allein Sache des Paares, die Bedingungen festzulegen, aber scheue dich nicht, etwas abzulehnen, womit du dich nicht wohl fühlst. Wenn du Zweifel hast und dich entscheidest, es zu versuchen, dann sei dir zumindest darüber im Klaren, dass du die Sicherheitsworte sehr ernst nimmst und dass deine Partner sich feierlich verpflichten, sie einzuhalten und deine Wünsche zu respektieren.

Inzwischen ist dir sicher klar geworden, wie viel Vertrauen und absoluten Glauben du in eine andere Person setzen musst, um ihr diese Freiheit und Macht über dich zu geben. Wie könntest du jemandem deine Liebe und dein Vertrauen besser versichern, als indem du ihm dein Leben überlässt?

Es kann aber auch andersherum funktionieren. Der Dominante übergibt alles an den Submissiven. Auch wenn es so aussieht, als hätte eine Person die ganze Macht, ist es sehr wahrscheinlich, dass die Machtverhältnisse ausgeglichen sind, wenn es sich um eine wirklich liebevolle und bedeutungsvolle Beziehung handelt. Und je enger die Partnerschaft ist, desto weniger

Mühe muss man aufwenden, um der anderen Person seine Wünsche mitzuteilen.

Wenn du bereits so selbstbewusst bist, dass du deinem Dominator sagen kannst, was du im Schlafzimmer begehrst, kann es sinnvoll sein, zu erkunden, welche anderen sexuellen Freuden sich aus der Erweiterung eures sexuellen Repertoires ergeben können. Wenn du das Gefühl hast, dass deine Hemmungen nachgelassen haben, könnt ihr beide als Paar erkunden, was sonst noch geboten wird.

Frauen wurden in der Vergangenheit von der Gesellschaft unter Druck gesetzt und ihnen wurde eingeredet, dass ihre sexuellen Wünsche gegenüber denen der Männer zweitrangig sind. Es scheint, als ob dies erst jetzt nachgeholt wird, denn viele Gesellschaften auf der ganzen Welt haben ein Auge zugedrückt, als Frauen von ihren männlichen Kollegen verunglimpft wurden. Das ist in vielen Ländern der Welt immer noch der Fall.

Wenn Frauen einen Kampf austragen, dann um den Respekt, der ihnen zusteht. Unterwürfig zu sein, bedeutet nicht, dass sie in irgendeiner Form missbraucht werden sollten. Das Machtgleichgewicht in einer Beziehung auszuhandeln ist weit davon entfernt, irgendetwas zuzulassen, das auch nur annähernd missbräuchlich ist. Wenn du dir den Respekt verschaffen willst, den du verdienst, muss das mit deiner eigenen Selbstachtung beginnen.

Wenn du dir sicher bist, wer du bist, und stolz darauf bist, dann gibt es sehr wenig, was andere tun können, um dieses Vertrauen zu zerstören. Andere könnten dich dazu bringen, dich selbst in Frage zu stellen, was immer eine gute Idee ist, aber wenn du weißt, dass du Recht hast, wird dein Selbstvertrauen nicht durch den Beitrag von jemandem ins Wanken geraten, dessen Meinung nicht zählt. Man könnte es fast mit einem Managementstil vergleichen. Du erzielst nicht die besten Ergebnisse, wenn du autokratisch bist. Bei den meisten Arten von Beziehungen ist es von Vorteil, Verhandlungen zu eröffnen, damit beide Seiten bekommen, was sie wollen.

Die besten Führungskräfte sind diejenigen, die ihre Mitarbeiter/innen so führen, dass sie ein geschlossenes Team haben, das die besten Ergebnisse erzielt. Sie erkennen die Stärken eines jeden Teammitglieds und wissen, wie sie diese nutzen können, indem sie gute Leistungen loben und Ziele setzen, um das Interesse aufrechtzuerhalten und die Person beruflich und persönlich weiterzuentwickeln. Sie kennen das Tier oder die Tiere, mit denen sie zu tun haben, und wissen, wie sie das Beste aus ihnen herausholen können.

Die wichtigsten Dinge, die du dir merken solltest, sind also:

- Wissen, was du willst

- Du kannst gleichzeitig feministisch und weiblich sein

- Lerne deinen eigenen Körper kennen

- Sei klar und konkret in deinen Forderungen

- Verlange, was du willst und sei bereit zu verhandeln

- Stelle Bitten, keine Erklärungen

- Sei respektvoll und fordere Respekt

KAPITEL DREIZEHN

Anzeichen, auf die man achten sollte

Du bist also eine unterwürfige Frau, die ihren Dom gefunden hat, und ihr habt eine besondere Dynamik entwickelt. Das ist alles schön und gut, aber es muss gesagt werden, dass eine BDSM-Beziehung viel komplizierter ist als eine gewöhnliche Vanille-Beziehung. Es gibt Machtspiele und festgelegte Rollen, die bedacht und berücksichtigt werden müssen.

Verstehe, dass diese Probleme in deiner speziellen Situation zu Problemen werden können oder auch nicht, aber es ist wahrscheinlich, dass sie es werden. In diesem Kapitel geht es um mögliche Fallstricke und Stolpersteine, auf die du in deiner BDSM- oder D/s-Beziehung stoßen könntest.

Vertrauensprobleme

Wenn du dich in einer Dynamik befindest, die von dir verlangt, dass du die Kontrolle vollständig abgibst, ist es wichtig, dass du das volle und uneingeschränkte Vertrauen deines Dom hast und umgekehrt. Vertrauen ist jedoch nie leicht zu vermitteln und zu erreichen, und

Vertrauensprobleme in deiner D/s-Beziehung können dich verletzen und die Dynamik, die du aufgebaut hast, zerstören. Vergewissere dich also, dass dein Dom auch deines Vertrauens würdig ist. Und wenn er das bewiesen hat oder wenn du Anzeichen gesehen hast, die dich daran zweifeln lassen, dann ist es vielleicht an der Zeit, die Beziehung zu beenden. Es ist außerdem unerlässlich, dass du dich auf das Thema Vertrauen einlässt. Ihr müsst wissen, was ihr beide in der Beziehung sucht und welche Kontrolle und Unterwerfung ihr beide bereit seid, loszulassen und abzugeben.

Undefinierte Konzepte und Regeln

Obwohl dies in diesem Buch stark betont wird, gibt es immer noch viele BDSM-Paare, die in Spiele und Szenen geraten, die sie überraschen oder ihnen klar machen, dass sie in eine Beziehung geraten sind, in die sie nicht ihre volle Zustimmung gegeben haben. Es kommt sogar vor, dass der/die Unterwürfige anfängt, die Kontrolle zu übernehmen, so dass der/die Dom den Kopf schüttelt. All dies kann auf einen Mangel an Kommunikation und definierten Parametern zurückzuführen sein, die in allen BDSM-Beziehungen so wichtig sind.

Das Konzept und die Rollen, die gespielt werden sollen, müssen für beide Parteien transparent sein, damit du ein wirklich fesselndes Spiel haben kannst, das die Bedürfnisse und Wünsche beider Seiten erfüllt.

Agendas

Ob in einer D/s-Beziehung oder einer Vanilla-Beziehung, es wird immer Fälle geben, in denen eine Person eine versteckte Agenda hat, die oft zu Schmerz und Leid für einen oder beide in der Beziehung führen kann. Ein versteckter Plan bedeutet nicht unbedingt, dass man einen klaren Plan hat und gegen den Partner intrigiert. Manchmal ist sich die Person, die diese Pläne verfolgt, nicht einmal bewusst, was sie tut und wie es die Beziehung beeinflusst.

Manche Doms missbrauchen und manipulieren ihre Subs, ohne es zu merken, und Subs, die die Kontrolle übernehmen und ihre Doms manipulieren, ohne wirklich zu wissen, was sie tun. Der beste Weg, um zu vermeiden, dass du in solchen Situationen verletzt wirst, ist, dich selbst vollständig zu kennen, deine Wünsche und Sehnsüchte zu kennen, deine Grenzen zu kennen und zu wissen, was du bereit bist zu tun. Wenn du genau weißt, wer du bist und was du willst, ist die Wahrscheinlichkeit gering, dass andere dich manipulieren und dazu bringen können, Dinge zu tun, die du bereuen würdest.

Was auch immer für Probleme auftauchen mögen, denke immer daran, dass es immer deine WAHL ist, dich zu unterwerfen, auch wenn du als Unterwürfige/r die Kontrolle abgibst. Deine Unterwerfung ist ein Geschenk, das du deinem Dom machst, weil du ihm vertraust, ihn respektierst und/oder liebst. Schätze niemals die Stärke ab, die du als unterwürfige Person in dir hast.

KAPITEL VIERZEHN

Wie Unterwerfung gut für dich ist

Auch wenn es für manche schwer zu glauben ist: Unterwerfung ist tatsächlich gut für dich.

In einer Studie, die vor und nach einer Szene durchgeführt wurde, wurde festgestellt, dass beide Partner ein Gefühl der Nähe in ihrer Beziehung erleben und der Stress abnimmt. Darüber hinaus erleben beide Parteien einen veränderten mentalen Zustand.

Der Sub wird in einen Zustand fallen, der die Gehirnfunktionen vorübergehend beeinträchtigt. Du wirst ein euphorisches Gefühl erleben, das dir das Gefühl gibt, zu schweben. In diesem "Subraum" verlierst du das Zeitgefühl, bist völlig ruhig und entspannt und lebst im Hier und Jetzt, so dass du dir keine Gedanken über Dinge machen musst, die in der Zukunft passieren werden.

Außerdem kannst du mit deinem Partner über die Geschehnisse in der Szene sprechen, ohne Angst haben zu müssen, dass er sich aufregt, weil du dich ihm dann näher fühlst.

Paare, die eine dominante und unterwürfige Beziehung führen, können herausfinden, was ihren Partner oder ihre Partnerin anmacht, weil ihr offen und ehrlich über jeden Aspekt eures Lebens sprechen werdet. Außerdem bekommst du sexuelle Befriedigung, denn du gibst deinem Partner, was er will, und er gibt dir, was du willst.

Schließlich kannst du in einer langfristigen Beziehung auch etwas Aufregendes erleben, weil du nie weißt, was passieren wird, wenn du eine Szene mit ihm oder ihr beginnst. Das ist ein Teil dessen, was die Spannung in deiner Beziehung zu deinem Partner aufrechterhält, auch wenn das nicht alles ist, worauf eure Beziehung aufgebaut ist.

Außerdem wirst du geistig und emotional gesünder sein, weil du mit deiner Dominanz kommunizierst. Siehst du, alles kommt immer auf die Kommunikation zurück!

KAPITEL FÜNFZEHN

Deine sicheren Worte

Wir haben darüber gesprochen, wie wichtig Kommunikation als Unterwürfige/r ist. Ein Sicherheitswort ist genauso wichtig. Falls du es noch nicht wusstest: Ein Safewort ist ein Wort oder eine Reihe von Wörtern, die in einer BDSM-Szene verwendet werden, um dem Dominanten zu sagen, dass der Submissive genug hat und das Spiel beendet werden soll. Ein Safewort wird vor Beginn der Szene vereinbart und die einzigen Personen, die wissen, was das Wort bedeutet, sind der/die Unterwürfige und der/die Dominante.

Es gibt traditionelle Dinge, die ein/e Unterwürfige/r sagen kann, wie zum Beispiel "Nein" oder "Stopp", aber das bedeutet nicht, dass der/die Unterwürfige will, dass der/die Dominante aufhört, was er/sie tut. Ein Safewort ist also in der Regel ein Wort, das beim Sex nicht gesagt wird, wie z.B. Baum, Rot, Katze oder auch Safewort.

Wenn der/die Unterwürfige nicht in der Lage ist, sein/ihr Schutzwort zu sagen, kann er/sie dem/der Dominanten ein Signal geben, das ihm/ihr sagt, dass er/sie genug hat und die Szene beenden muss. Auf diese

Weise kann der/die Unterwürfige dem/der Dominanten auch mitteilen, dass es ihm/ihr gut geht, wenn er/sie den Subraum erreicht hat.

Ein Sicherheitswort sagt dem Dominanten nicht nur, dass seine/ihre Unterwürfige mit der Szene fertig ist, sondern auch, dass sein/ihr Verhalten während des Spiels okay ist. Die Farben werden während des Spiels verwendet, um dem/der Unterwürfigen Zeit zu geben, dem/der Dominanten mitzuteilen, dass er/sie bereit ist und mehr will, oder dass die Dinge etwas langsamer gehen müssen.

Während des Rollenspiels werden sichere Wörter verwendet, sobald der/die Unterwürfige aus seiner/ihrer Rolle herausgefallen ist. Wenn er/sie zum Beispiel mit der Szene fertig ist, kann er/sie aus seiner/ihrer Rolle fallen und den Dominanten beim Vornamen nennen. Unglücklicherweise kann das für den/die Unterwürfige/n zu einer Disziplinierung führen, weil der/die Unterwürfige seinen/ihren Charakter gebrochen und den Vornamen seines/ihres Dominanten ohne Vorwarnung benutzt hat. Ein Unterwürfiger muss also vorsichtig sein, was er tut.

In der BDSM-Gemeinschaft ist ein Safewort ein Muss, denn es ist ein zusätzlicher Schutz für ein sicheres Spiel und verhindert, dass der andere die Grenzen seiner Beziehung überschreitet. Je nach Beziehung kann der/die Unterwürfige einfach sein/ihr Safewort benutzen, um zu verfolgen, wie es ihm/ihr während des Spiels geht und nach eigenem Ermessen zu entscheiden, wann die Szene beendet werden sollte. In solchen Situationen gibt der/die Unterwürfige jedoch sein/ihr

Recht auf, kein Sicherheitswort zu benutzen und möglicherweise weiter getrieben zu werden, als er/sie möchte. Wenn du in Großbritannien wohnst, muss die Zustimmung vor Beginn der Szene gegeben werden, damit der/die Unterwürfige den/die Dominante/n nicht rechtlich verfolgen kann.

Manche Menschen, die sich für ein Safewort stark machen, werden selbst nicht unbedingt ein Safewort benutzen, weil sie über ein erfahrenes Spielniveau hinausgehen und es noch weiter treiben. Aber verwirre diese Leute nicht, denn sie werden überhaupt kein Sicherheitswort benutzen und sich an einem totalen Machtaustausch beteiligen. Wenn diese Art von Beziehung jedoch aufgebaut wird, kann ein Sicherheitswort verwendet werden, damit Vertrauen zwischen den beiden aufgebaut werden kann.

Nachdem ein Sicherheitswort benutzt wurde, sollte die gesamte Szene gestoppt und alle Spielzeuge und Fesseln sofort entfernt werden. Es gilt als unehrenhaft und sogar unmoralisch, wenn der Dominante das Sicherheitswort ignoriert. Je nachdem, wo du wohnst, kannst du strafrechtlich belangt werden, wenn du das Sicherheitswort von jemandem ignorierst, weil du dann jemandem ohne dessen Zustimmung Schaden zugefügt hast. Dabei ist nicht berücksichtigt, welche Strafe du von der Gemeinschaft erhalten wirst, wenn sie herausgefunden hat, was du getan hast.

Formen von Safe Words

Sichere Worte sind die Art und Weise, wie die unterwürfige Person die Macht hat, die Szene zu beenden, wenn sie zu viel hatte und entweder eine Pause braucht oder eine harte Grenze erreicht hat und nicht mehr weitermachen kann. Sichere Worte werden nicht in traditionellen Sexsituationen gesagt und es sind Worte, die nicht gesagt werden dürfen, weil sie leicht als etwas ausgelegt werden können, was sie nicht sind.

Je nach Beziehung kann es verschiedene Stufen von Sicherheitsworten geben, die während einer Szene gesagt werden, damit der Dominante weiß, dass der Submissive sicher ist und immer noch mehr will oder die Dinge langsamer angehen muss. So kann der Dominante verhindern, dass er die Szene komplett beenden und die Stimmung für beide ruinieren muss.

KAPITEL SECHZEHN

Veränderte Zustände des unterwürfigen Geistes

Es gibt zwei verschiedene Orte, an die sich eine devote Person während des Spiels begibt: den Subraum und das, was nach oben kommt, muss natürlich auch wieder nach unten kommen, das ist der Moment, in dem sich eine devote Person fallen lässt.

Unterraum

Dies wird auch als Headspace bezeichnet und ist der Moment, in dem der/die Unterwürfige von der Kombination aus Schmerz und Lust überwältigt wird.

Adrenalin, Epinephrin, Enkephaline und Endorphine werden ausgeschüttet, wenn der Körper in eine Kampf- oder Fluchtsituation versetzt wird. Ein unterwürfiger Mensch erfährt dies jedoch, wenn seine Fähigkeiten beeinträchtigt sind, er außerkörperliche Empfindungen hat und seine Schmerztoleranz getestet wird.

Jede/r Unterwürfige wird ihre/seine eigenen Erfahrungen mit dem Subraum machen. Einige der häufigsten Effekte, die Submissive erleben, sind:

- Beeinträchtigtes Sehvermögen

- Verlust von Kommunikationsfähigkeiten

- Halluzinogener Zustand des Geistes

- Schlaffheit der Gliedmaßen

- Aber das Größte, was sie spüren werden, ist eine Abkehr von der Realität.

Das Wichtigste, worauf eine unterwürfige Person achten muss, ist, dass der Dominante es nicht zu weit treibt, wenn die unterwürfige Person den Subraum erreicht hat. Da die unterwürfige Person ihre Gliedmaßen nicht spürt und nicht kommunizieren kann, kann die unterwürfige Person am Ende verletzt werden.

Es gibt auch die andere Seite, bei der der oder die Unterwürfige süchtig nach dem Rausch wird und mehr körperliche Stimulation will, um länger im Subraum zu bleiben. In diesem Fall muss der Dominante seine/n Unterwürfige/n zur Vernunft bringen, denn wenn er/sie nicht aufpasst, kann er/sie Schaden anrichten und der/die Unterwürfige wird nicht mehr in der Lage sein, die Realität vom Spiel zu unterscheiden.

Ebenen des Unterraums

1. Es gibt die normale Ebene des Headspaces

2. Der Wechsel, bei dem der/die Unterwürfige beginnt, sich auf den/die Dominante/n zu konzentrieren und offener für das ist, was ihm/ihr befohlen wird, während der/die

Dominante sich auf den/die Unterwürfige/n konzentriert.

3. "Klugscheißer-Masochist": Hier wird der Unterwürfige ungehorsam und beginnt, den Dominanten herauszufordern. Ein unterwürfiger Mensch kann dies tun, um den Dominanten zu testen, um zu sehen, ob er tatsächlich das tun wird, was er sagt, wenn er ungehorsam ist.

4. Blonder Raum: Die Atmung wird tiefer und der/die Unterwürfige ist vielleicht nicht ganz aufnahmefähig für das, was um ihn/sie herum passiert. Das kann sich darin äußern, dass er Befehle vergisst, nicht zusammenhängend spricht oder sogar übermäßig kichert.

5. Wahrnehmung: Der/die Unterwürfige nimmt nicht alle Schmerzen wahr und kann sogar das Bewusstsein verlieren.

6. Flucht oder Kampf: Der/die Unterwürfige verliert jeglichen Bezug zur Realität.

Herunterkommen

Wenn der Körper anfängt, die Produktion der oben erwähnten Chemikalien zu stoppen, kommen die Dinge zurück und es kann so aussehen, als ob der/die Unterwürfige betrunken oder verkatert ist. Der Sub-Drop kann innerhalb weniger Stunden bis hin zu in ein paar Wochen eintreten. Es ist wichtig, dass der Dominante sich um den Unterwürfigen kümmert, um sicherzustellen, dass er sich nicht schlecht fühlt.

Dominante erleben auch etwas, das dem Subraum ähnelt, aber als Dom-Raum bekannt ist, und sie erleben auch das Runterkommen, ähnlich wie es eine unterwürfige Person tut.

KAPITEL SIEBZEHN

Für dich und deinen Dominanten nach einer Szene sorgen

Auch wenn der Dominante derjenige sein wird, der die Nachsorge durchführt, ist es am besten, wenn der Unterwürfige weiß, welche Nachsorge nötig ist und dass er die Nachsorge auch bei dem Dominanten durchführen kann.

Die Nachsorge besteht darin, den Unterwürfigen zu verwöhnen, damit er weiß, dass man sich um ihn kümmert und dass er in seinem verletzlichen Zustand nicht allein ist. Bevor eine Szene gespielt wird, muss über die Nachsorge gesprochen werden, damit jede Person die richtige Nachsorge erhält. Der Umfang der Nachsorge hängt von der Szene ab, die gespielt wurde, und von der Dynamik der Beziehung.

Vorteile der Nachsorge

Die Nachsorge soll dafür sorgen, dass sich der/die Unterwürfige sicher und geborgen fühlt, aber auch, dass er/sie sich mit seinem/ihrem Dominanten verbindet. Das wird dazu beitragen, dass viele Unterwürfige sich nicht mehr so fallen lassen, wenn sie aus dem Subraum kommen.

Standard Nachsorge

Niemand kann dir sagen, dass die Nachsorge falsch gehandhabt wird, denn die Nachsorge richtet sich nach den Bedürfnissen des Paares. Hier sind jedoch einige Dinge, die du mit deiner dominanten Person besprechen kannst, um sicherzustellen, dass die Nachsorge gut funktioniert.

- Verhandle: Sprich darüber, wie die Nachsorge ablaufen soll, damit keine der beiden Parteien raten muss.

- Sobald die Szene zu Ende ist, sollte der Dominante in einen pflegenden Zustand wechseln und sich um den Bottom kümmern. Der Bottom muss sicherstellen, dass er sich bewusst ist, was vor sich geht.

- Die dominante Person kümmert sich um alle Wunden, die während des Spiels entstanden sind, und entfernt alle Fesseln. Wenn die Augenbinde abgenommen wird, sollte dies langsam geschehen, damit es keinen Schock durch die hellen Lichter der Welt um sie herum gibt.

- Das Gesäß muss mit Hilfe der dominanten Person an einen warmen und bequemen Ort gebracht werden.

- Die dominante Person muss dafür sorgen, dass die unterwürfige Person versorgt ist und dass Decken in Reichweite sind, damit die unterwürfige Person etwas Warmes hat, wenn die Temperatur fällt.

- Wasser sollte in der Nähe sein und es sollte nicht aus einem Gefäß kommen, aus dem der/die Untergebene nur schwer trinken kann, weil er/sie vielleicht seine/ihre Gliedmaßen nicht vollständig bewegen kann. Das Wasser sollte dem Unterwürfigen nicht aufgezwungen werden.

- Positive Verstärkung sollte dem Unterwürfigen ein Gefühl von Frieden vermitteln

- Berühre den/die Unterwürfige/n auf eine Art und Weise, die im Szenenspiel nicht vorkommt. Die Berührung sollte als intim und sensibel und nicht als quälend empfunden werden.

- Schokolade sollte in der Nähe aufbewahrt werden, weil sie hilft, Oxytocin freizusetzen und den Blutzucker zu stabilisieren.

- Die Nachsorge sollte so lange fortgesetzt werden, bis der/die Unterwürfige wieder in der Lage ist, für sich selbst zu sorgen und sich in seinem/ihrem Kopf in Sicherheit befindet. Der/die Unterwürfige sollte nie allein gelassen werden, nur für den Fall, dass er/sie stürzt und sich verletzt.

- Sowohl der/die Dominante als auch der/die Unterwürfige sollten sich in einem positiven Gemütszustand befinden, bevor sich ihre Wege trennen.

Nachsorge für den Dominanten

Die Nachsorge gilt nicht nur für die unterwürfige Person. Auch der Dominante muss ein gewisses Maß an Nachsorge erhalten, um sicherzustellen, dass er mit dem, was in der Szene passiert ist, zurechtkommt. Meistens kümmert sich ein Dominanter um den Submissiven. Ein Dominanter sollte nie so hart spielen, dass er nicht mehr in der Lage ist, sich um seinen Untergebenen zu kümmern. Sollte dies dennoch passieren, sollte es eine dritte Partei geben, die sich in der Nachsorge um beide Seiten kümmert.

Einem Top wird die gleiche Nachsorge zuteil wie einem Bottom, aber während ein Bottom bestimmte Bedürfnisse hat, die auf den Ereignissen in der Szene basieren, hat ein Dominanter diese Bedürfnisse nicht unbedingt.

Babysitter

Es kann vorkommen, dass ein Dominanter nicht in der Lage ist, sich während der gesamten Nachsorge um seinen Untergebenen zu kümmern. In diesem Fall muss eine dritte Partei, auf die sich beide Seiten geeinigt haben, sich nach dem Spiel um den/die Unterwürfige/n kümmern. Aber der Dominante muss mindestens fünfzehn Minuten mit seinem Unterwürfigen verbringen, um sicherzustellen, dass er oder sie sich nicht gleich verlassen fühlt. Andernfalls hat der/die Unterwürfige das Gefühl, dass der/die Dominante sich nicht kümmert, und das schadet der Beziehung zwischen beiden Parteien.

Nach der Nachsorge

Wenn sowohl der Dominante als auch der Unterwürfige versorgt sind, hört die Nachsorge nicht erst Stunden nach dem Ende der Szene auf. Manchmal kann es bis zu mehreren Tagen dauern.

Um sicherzustellen, dass beide Parteien die richtige Unterstützung erhalten, werden sie sich gegenseitig über ihre Gefühle gegenüber dem Geschehenen austauschen.

Wenn es zu irgendeinem Zeitpunkt zu negativen Stimmungsschwankungen kommt, sollten diese gemeldet werden, damit die richtige Unterstützung geleistet werden kann.

Kritikpunkte

Nicht jeder wird den gleichen Umfang an Nachsorge wollen. Jeder hat seine eigene Form der Nachsorge. Wichtig ist, dass sich beide Menschen auf die Nachsorge einigen können und dass sie so durchgeführt wird, dass sie für beide Parteien von Vorteil ist.

KAPITEL ACHTZEHN

Unterwürfige Tipps

Jeder braucht von Zeit zu Zeit Hilfe und das ist auch gut so. Wie gut du in deinem Beruf wirst, hängt jedoch davon ab, wie du mit der Hilfe umgehst, die du bekommst.

Ein guter Unterwürfiger zu sein bedeutet, dass du dich in eine bestimmte Denkweise versetzen musst, die es dir ermöglicht, nicht nur Disziplin zu akzeptieren, sondern dich auch selbst zu disziplinieren.

Hier sind einige Tipps, wie du deinem Dominanten ein guter Unterwürfiger sein kannst, auf den er stolz ist.

1. Wähle einen guten Dominanten: Du musst sicherstellen, dass du dich nicht einfach auf eine dominant-unterwürfige Beziehung mit irgendjemandem einlässt. Das ist ein guter Weg, um sich selbst zu verletzen. Stattdessen musst du deine/n Dominante/n und ihre/seine Vorlieben kennenlernen, damit du weißt, ob du dich darauf einlassen willst. Wenn die Dinge, die er oder sie mag, für dich harte Grenzen darstellen und er oder sie nicht bereit ist, diese Grenzen zu

überschreiten, dann ist er oder sie nicht der/die Richtige für dich. Vergiss nicht: Unterwürfigkeit ist eine Entscheidung und niemand kann dich dazu zwingen!

2. Kenne deine Grenzen! Du musst sicherstellen, dass du weißt, wo du nicht bereit bist zu gehen. Das gilt nicht nur geistig, sondern auch körperlich und spirituell. Wenn ein dominanter Mensch diese Grenzen nicht respektieren kann, ist er nicht der Richtige für dich.

3. Sich zu unterwerfen bedeutet, dass du alles gibst, was du hast. Als Unterwürfiger wirst du nicht einfach aufgeben, bis du genug hast. Ein echter Unterwürfiger gibt erst auf, wenn es weh tut, und selbst dann gibt er weiter. Eine unterwürfige Person wird ihrem Dominanten erlauben, jeden Zentimeter von ihr in- und auswendig zu kennen. Wenn du alles gibst, kann dein Dominanter auch wissen, wie er der perfekte Dominante für dich sein kann.

4. Du wirst nicht perfekt sein! Du bist ein Mensch und das darfst du nicht vergessen. Du wirst Fehler machen und dein Dominanter versteht das auch. Allerdings musst du auch in der Lage sein, aus deinen Fehlern zu lernen, wenn du sie machst. Eine dominante Person trägt dazu bei, dass du dich durch deine Fehler nicht selbst verletzt, damit du dich sicher und geborgen fühlst.

5. Sei ehrlich. Dein/e Beherrscher/in wird nicht verstehen, wenn etwas schief gelaufen ist, weil er/sie nicht in der Lage ist, deine Gedanken zu lesen. Du musst ihnen sagen, wenn etwas nicht in Ordnung ist, damit sie es entweder in Ordnung bringen oder dir helfen können, eine Lösung dafür zu finden.

6. Sei nicht eifersüchtig. Du darfst nicht eifersüchtig sein, wenn du in einer dominant-unterwürfigen Beziehung bist, denn das kann deine Beziehung zu deinem Dominanten zerstören. Es ist sehr gut möglich, dass dein/e Dominante/r mehr als eine/n Unterwürfige/n hat und du musst in der Lage sein, mit den anderen Unterwürfigen auszukommen, damit dein/e Dominante/r bleibt. Der Dominante muss jedoch wissen, wie er die einzelnen Unterwürfigen auseinanderhalten kann, denn sie sind alle unterschiedlich und auf ihre eigene Art schön. Wenn die Möglichkeit besteht, dass du auf eine andere unterwürfige Person eifersüchtig sein könntest, musst du das mit deinem Dominanten besprechen, bevor du dich auf eine Beziehung einlässt.

7. Gehorche deinem Dominanten. Auch wenn du als Untergebene/r dazu neigst, nicht zu gehorchen, musst du versuchen, deinem/r Dominanten immer zu folgen, damit er/sie weiß, dass du bereit bist, alles zu tun, was er/sie von dir verlangt. Je mehr du

gehorchst, desto mehr wirst du auch belohnt
werden!

8. In deiner Beziehung geht es nicht nur um
    Sex. In einer dominant-unterwürfigen
    Beziehung geht es vor allem um Kontrolle. In
    manchen Beziehungen geht es überhaupt
    nicht um Sex. Stattdessen konzentrieren sie
    sich auf den Dienst zwischen den beiden
    Menschen. Du musst sicherstellen, dass du
    verstehst, was der dominante Partner von
    eurer Beziehung erwartet, bevor du dich
    darauf einlässt.

9. Respekt ist eine große Sache in der Welt des
    BDSM oder auch nicht. Ein dominanter Mann
    wird jedoch keine Respektlosigkeit dulden
    und du wirst bestraft, wenn du ihm keinen
    Respekt zeigst!

10. Unterwürfig zu sein ist eine Entscheidung,
    aber das gilt auch für den Zeitpunkt, an dem
    du dich entscheidest, unterwürfig zu sein. Du
    musst nicht die ganze Zeit unterwürfig sein
    und nur weil du unterwürfig bist, heißt das
    nicht, dass du ein Fußabtreter für deine
    Mitmenschen sein musst. Du solltest dich
    nur für die Unterwürfigkeit entscheiden, die
    du mit dem Dominanten, mit dem du
    zusammenarbeitest, vereinbart hast.

11. Es gibt keine echte, wahre Unterwürfigkeit.
    Es wird zwar oft gesagt, dass ein echter
    Unterwürfiger dies oder jenes tut, aber das

Wichtigste, worauf du achten musst, ist sicherzustellen, dass du in deiner Beziehung mit deinem Dominanten sicher und gesund bist.

12. Du kannst nicht zulassen, dass deine dominante Person die volle Verantwortung für deine Sicherheit übernimmt. Du bist die Einzige, die genau weiß, wann du verletzt wirst, und wenn du das Gefühl hast, dass du verletzt wirst, dann musst du es sagen! Denke daran, dass du ein Erwachsener bist und dich selbst in diese Situation gebracht hast.

13. Wie in einem früheren Kapitel beschrieben, gibt es alle Arten von Unterwürfigkeit und es ist deine Entscheidung, zu welcher Art du gehörst. Wenn du dich nicht nur mit einer Art identifizieren kannst, hast du vielleicht das Gefühl, dass es ein paar gibt, die dich ausmachen. Das ist kein Problem, stell nur sicher, dass dein Dominanter mit der Art von Unterwürfigkeit umgehen kann, für die du dich hältst. Du willst keinen Dominanten, der ein Spielzeug will, wenn du dich wie ein kleines Mädchen fühlst. Du musst den Dominanten finden, der genau zu dir passt.

14. Unterstütze deinen Dom, vor allem wenn du möchtest, dass er mehr in dein tägliches Leben einbezogen wird. Genau wie die Unterwürfigkeit kann auch die Dominanz beängstigend sein und du musst sie

unterstützen, genauso wie sie dich
unterstützen. Biete also deine Dienste an,
wenn sie angebracht sind, und vergiss nicht,
dass du Teil eines Teams bist.

KAPITEL NEUNZEHN

Letzte Gedanken

Szene festlegen

Was ist eine Szene? Die Szene für dein BDSM-Spiel ist wie eine Geschichte, ein Theaterstück oder meistens eine Fantasie, die du ausleben willst. Das Festlegen der Szene hilft dir dabei, deine Ziele und Wünsche in deinem Spiel zu erreichen. Es ist wichtig, bei der Planung deines Spiels auf Sicherheit, Vernunft und Einvernehmlichkeit zu achten; das bedeutet, dass das Spiel selbst abgesprochen werden muss und Grenzen und Parameter festgelegt werden müssen, bevor ihr beginnt.

Wenn du eine Szene aufbaust, musst du dir zuerst darüber klar werden, warum du die Szene überhaupt aufführst. Was wollt ihr mit dem Stück erreichen? Wollt ihr neue Dinge ausprobieren und Grenzen ausloten, oder wollt ihr ein bisschen Spaß und Spannung? Darauf müsst ihr euch einigen, bevor ihr beginnt.

Sobald du die Rahmenbedingungen kennst, in denen du dich bewegen kannst (oder auch nicht), ist es wichtig, die Geschichte oder die Fantasie sowie den Ablauf deiner Szene festzulegen. Du hast die Möglichkeit, sie einfach auszusprechen oder sie wie ein Drehbuch für einen Film aufzuschreiben. Du und dein/e Dominante/r solltet eine klare Vereinbarung darüber treffen, was passieren wird. Wenn du als Unterwürfige/r jedoch ein paar Überraschungen erleben möchtest, solltest du sicherstellen, dass dein/e Dominante/r genau weiß, was innerhalb der Grenzen des Akzeptablen liegt.

Das Kostüm ist auch wichtig, um eine Szene zu gestalten. Am besten ist es, wenn du Kleidung trägst, die den Schauplatz deiner Fantasie und die Rollen widerspiegelt, die jeder von euch spielen möchte. Je genauer das Kostüm ist, desto einfacher ist es, in die Rolle zu schlüpfen.

Ein weiterer wichtiger Aspekt bei der Gestaltung der Szene ist der Ort. Um wirklich in dein Rollenspiel eintauchen zu können, ist es wichtig, dass du bereits einen festen Ort hast. Die meisten haben dafür eine Art privates "Verlies" oder sogar einen Fetischclub, aber manche Szenen beginnen in der Öffentlichkeit und enden im Privaten. Was auch immer du wählst, stelle sicher, dass es eine sichere Umgebung für dich und deinen Partner ist.

Habe einen Plan

Wie bereits erwähnt, ist eine Szene wie eine Geschichte oder ein Theaterstück. Daraus folgt, dass sie einen Anfang, einen Mittelteil und ein Ende haben sollte, und daraus folgt, dass du einen Plan haben solltest, wie deine Szene ablaufen wird. Hier ist die Erfahrung des Doms gefragt. Wenn ihr beide neu dabei seid, solltet ihr auf jeden Fall einen klaren Plan haben, wie die Szene abläuft - Schritt für Schritt. Erfahrene Dominante können nach

Gefühl spielen, aber auch dann sollten sie einen groben Plan haben, was wann ablaufen soll, damit das Spiel reibungslos abläuft.

Vergewissere dich, dass du eine klare Vorstellung davon hast, was passieren soll, ob es Spanking, Bondage, Auspeitschen oder was auch immer geben wird.

Und wie immer gilt: Achte darauf, dass du mit deinem Partner kommunizierst!

FAZIT

Danke, dass du es bis zum Ende des Submissiv Trainings geschafft hast. Ich hoffe, es war informativ und hat dir das nötige Rüstzeug gegeben, um deine Ziele zu erreichen, was auch immer es sein mag.

Der nächste Schritt besteht darin, deine Beziehung und deine Erfahrungen zu bewerten, um festzustellen, ob du dich in einer unterwürfigen Rolle befindest. Nicht jeder ist unterwürfig, und wenn du unterwürfig bist, hat dir dieses Buch hoffentlich geholfen, deine Rolle ein bisschen besser zu verstehen und mit deinem Leben weiterzumachen, während du mehr über Unterwerfung lernst.

Es gibt jede Menge Ressourcen, auf die du zugreifen kannst, um die Hilfe und Unterstützung zu bekommen, die du brauchst, um deine neue Rolle anzunehmen.

Falls du bereits wusstest, dass du ein unterwürfiger Mensch bist, dann hat dir dieses Buch hoffentlich ein paar neue Dinge gezeigt, von denen du vorher nichts wusstest und du kannst sie in deine Beziehung einbringen und sie verbessern.

Wenn du dieses Buch in irgendeiner Weise nützlich fandest, freuen wir uns über eine Rezension!

Was du als nächstes lesen solltest

Es gibt Millionen von Büchern. Wir freuen uns, dass du unser Buch entdeckt und bis zum Ende gelesen hast. Wir danken dir dafür. Wir kennen das Gefühl, wenn man ein gutes Buch beendet hat. Das Gefühl, mehr zu wollen. Wenn du mehr willst, schau dir die anderen Bücher der BDSM For Beginners Seriean.

dieses Werks in irgendeiner Weise für Härten oder Schäden haftbar gemacht werden kann, die ihnen nach der Aufnahme der hier beschriebenen Informationen entstehen.

Außerdem dienen die Informationen auf den folgenden Seiten nur zu Informationszwecken und sollten daher als allgemeingültig betrachtet werden. Wie es ihrer Natur entspricht, werden sie ohne Gewähr für ihre dauerhafte Gültigkeit oder vorläufige Qualität präsentiert. Die Erwähnung von Marken erfolgt ohne schriftliche Zustimmung und kann in keiner Weise als Befürwortung des Markeninhabers angesehen werden.